CORPVS SCRIPTORVM ECCLESIASTICORVM LATINORVM

EDITVM CONSILIO ET IMPENSIS
ACADEMIAE SCIENTIARVM AVSTRIACAE

VOL. LXXVII

SANCTI AVRELI AVGVSTINI OPERA

SECT. VI PARS V

DE VERA RELIGIONE

RECENSVIT ET PRAEFATVS EST
GVILELMVS M. GREEN

VINDOBONAE
HOELDER-PICHLER-TEMPSKY
MCMLXI

SANCTI AVRELI AVGVSTINI OPERA

SECT. VI PARS V

DE VERA RELIGIONE
LIBER VNVS

RECENSVIT ET PRAEFATVS EST
GVILELMVS M. GREEN

VINDOBONAE
HOELDER-PICHLER-TEMPSKY
MCMLXI

VINDOBONAE
Ex universitatis Vindobonensis officina typographica
Adolphi Holzhausen Successorum

CONSPECTVS MATERIAE

PRAEFATIO

I. De origine libri

Postquam Augustinus rhetor Mediolanensis feriis vindemialibus anno 386 de publica professione discessit et ad Christianae vitae otium se contulit, duodecim opuscula intra quinque annos scripsit. Quorum primum et ultimum ad amicum Romanianum missa sunt, id est Contra Academicos libri tres et liber De vera religione. Nec quisquam erat inter amicos cui maiorem gratiam debuit, nam ille ab ineunte aetate familiarissimus sumptus suppeditaverat quibus puer sedecim annorum ad studia Karthaginem pergeret, et postea identidem adulescentem amicitia hortatione opibus adiuverat. Ab Augustino iam Manichaeo in eandem superstitionem seductus est; eidem iam rhetori filios erudiendos dedit. Postea Mediolanum negotiis vocatus amicum molestias docendi fugere cupientem invenit. Tum societatem cum eo facere paratus est ut cum aliis paucis remoti a turbis se ad studium sapientiae conferrent. Immo instabat huic rei, et secundum verba Augustini (Conf. 6, 14, 21) 'magnam in suadendo habebat auctoritatem quod ampla res eius multum ceteris anteibat'. Quamquam illo proposito abiecto Romanianus negotiis et litibus implicitus mansit, Augustinus paulo post ad deum conversus cum paucis discipulis ad villam Verecundi amici sui secessit. Ibi de eis rebus disputabant quae in dialogis Contra Academicos De beata vita De ordine leguntur; in primo opere Romanianum hortatur ut secum philosophiam adgrediatur: se timere ne duo impedimenta inveniendae veritatis in animo eius restent, id est, ne de veritate invenienda desperet neve invenisse se credat. Primum impedimentum speravit se libris Contra Academicos detracturum, alterum autem se postea eiecturum vel cum aliam de religione disputationem misisset vel cum praesens cum eo multa contulisset. Nam multis ante annis uterque crediderat se veritatem in doctrina Manichaeorum invenisse. Nuper quidem rationibus examinatis ille quaerens dubitansque discesserat, Augustinus tamen adhuc timuit ne quid superstitionis in animum revolutum esset (c. Acad. 2, 3, 8). Videtur igitur Romanianus eo tempore titubasse inter religionem Manichaeorum et rationem Academicorum, id est eorum qui de omnibus rebus assensionem cohibebant; Augustinus contra per libros Platonicorum ab utraque doctrina liberatus in ecclesia Catholica veritatem quaerebat. Qua re sibi proposuit duo opuscula ad res solvendas amico scribere. Nec mirum est eum iam paratum fuisse contra Academicos disputare, plus autem temporis ei opus fuisse ut de Christiana religione loqueretur.

Exeunte aestate anno 388 cum quibusdam sociis in Africam reversus vitam monasticam fere triennium agebat. Inter opera his annis scripta ultimum locum tenet liber iam diu promissus De vera religione, ubi fatetur (infra p. 12, 6—11) se caritate obstrictum acerrimas interrogationes amici diutius sustinere non posse. Itaque verisimile est amicum adhuc quaerentum et dubitantem de vera religione ampliorem demonstrationem desiderasse et flagitasse. Augustinus in prooemio (pp. 1—12) demonstrat unum deum verum de quo philosophi multa disputavissent per ecclesiam Catholicam viam salutis populis iam aperuisse. Deinde amicum hortatur (pp. 12—16) ut haec credendo mentem purget et idoneam faciat spiritalibus percipiendis, quo facto fore ut hic liber adversus omnes falsas opiniones valere possit et maxime contra rationes Manichaeorum. Tum duas praecipuas quaestiones tractat, alteram de origine mali (pp. 16—32), alteram de via salutis, utrum auctoritas an ratio sequenda sit (pp. 32—76). Ad ultimum amicos hortatur ut secum ad unum deum quanta possint celeritate currant (pp. 76—81). Dum amicos ita hortatur velut 'homines carissimos et proximos meos', videtur et Romanianum et filium eius Licentium recordari, nam alibi de utroque sollicitudinem indicat. Patrem enim credit curis mutabilium rerum et dubitatione de religione implicitum, filium autem propensiorem ad ostentationem ingenii sui et ad honores capessendos. Utrosque etiam post paucos annos commendavit sancto viro Paulino: 'Credo iam, inquit, expertam sanctitatem tuam quid ille vir (sc. Romanianus) boni animo gerat et quae in illo infirmitate pars claudicet' (Epist. 31, 7).

II. De codicibus

Antiquissimus huius operis codex est palimpsestus ille hodie Londiniensis Brit. Mus. Add. 43460, olim Cheltenhamensis 12261, qui una cum scriptis quibusdam Augustini et Hieronymi unicum exemplar praebet carminis apologetici poetae Commodiani. Eum primus notitiae hominum tradidit Pitra anno 1852 in Spicilegio Solesmensi (I, pp. XVI—XXV) dum illud carmen publici iuris facit. Huius codicis undecim opuscula enumerat Schenkl in Bibliotheca patrum latinorum Britannica V, No. 1885 (SB 127, 9, Wien 1892); originem eius et formam scribendi nuper descripsit E. A. Lowe (CLA II, 1935, No. 180—181). Litteris uncialibus quibus saeculo septimo homiliae Chrysostomi latine scriptae erant paene e conspectu deletis, alia opuscula in monasterio Nonantulano saeculo octavo exeunte, ut illi viro perito videtur, minusculis scripta sunt litteris eius formae qua scribae Italici eo tempore utebantur. Antehac complures editores patrum hunc codicem adhibuerunt: Dombart (CSEL 15, 1887), Zycha (CSEL 25, 1891 et 41, 1900), Goldbacher (CSEL 34, 1895; *cf.* 58, 1923, p. XXXII). Eum laudat Zycha in utroque volumine velut antiquitate et bonitate facile principem. Neque ullam causam video cur in libro De vera religione edendo minoris pretii aestimandus sit. *N*

Secundum locum obtinet codex Monacensis 14527 priore parte saeculi noni scriptus, qui foliis 1—109 libros Augustini *M*

De libero arbitrio habet; confer igitur sis quae in praefatione editionis illius operis scripsi (CSEL 74, pp. VI sq.).

B Eodem saeculo scriptus est codex Bernensis 540 foliorum 46, ita mutilus ab initio ut a verbis 'et corporis conditor' (p. 17, 9) initium capiat. Signum 'III' in ima margine folii octavi versi, item 'IIII' in folio 16 verso, demonstrat duos quaterniones priores de libro excidisse. Unus tamen adhuc in eadem bibliotheca Bernensi sub numero A 91, 13 servatur, cuius prima verba sunt 'si confirmata' (6, 16), et ultima 'ergo ille est' (17, 9); haec igitur cum sequentibus verbis sine hiatu legi possunt. Forma scripturae, ut me monet Bernhardus Bischoff, talis est quae media saeculi noni parte in scriptoriis Germaniae consuetudinem insularem servantibus adhibebatur; immo credit ille vir peritus hunc librum in ipsa civitate Moguntiacensi scriptum esse.

L Alter codex Londiniensis Brit. Mus. Add. 11873 foliis 170 quaedam opuscula Augustini continet. Prima pars foliis 1—58 decem Sermones in epistulam Iohannis ad Parthos habet; secunda pars, altera manu foliis 59—170 scripta, quattuor libros habet De doctrina Christiana et librum De vera religione. Nomen et domicilium huius scribae f. 136^{v} legitur:

Almi Warnerius Petri Maiolique nutritus
Hunc librum scripsit, comiter ut valuit.

Quoniam sanctus ille Maiolus abbas in monasterio sancti Petri Cluniacensis annis 948—994 erat, suspicandum est Warnerium ibi eo tempore hunc librum scripsisse. Nec tamen scio utrum Warnerius noster idem sit qui annis 1035—1044 prior Cluniacensis erat necne. Quinta fere pars opusculi (p. 17, 1 'Vita ergo' usque ad 30, 19 'inveniuntur') in exemplari defuisse videtur, nam f. 143^{r} post verba 'nihili homines apellantur', ut lectorem de lacuna moneret, plures lineas undantes per paginam scriba duxit. Deinde libro usque ad finem confecto sex folia 165—170 adiecta sunt, quae partem omissam habent.

Paris. 1708 Proxime textui huius codicis accedit codex Parisinus 1708 s. XII, olim abbatiae Moysiacensis, qui fortasse codex ille

'Regius' est a Maurinis adhibitus. Nec mirum videtur haec cognatio, propterea quod anno iam 1052 abbatia Moysiacensis Hugoni abbati Cluniacensi tradita est, ita ut saeculo XII primum locum inter monasteria Cluniacensia eius regionis haberet (*cf.* Delisle, Cabinet I, 519—524). Una cum quibusdam decretis ad res Cluniacas spectantibus habet foliis 32—46 librum De vera religione. Extat etiam fragmentum eiusdem operis in codice Matritensi 4339, ff. 80—90 s. XI scriptum, *Matrit. 4339* cuius textus fere ubique cum codice Moysiacensi consentit.

Tertius codex Londiniensis Brit. Mus. Add. 10940, olim *X* sancti Maximini Treverensis, quinque opera Augustini De magistro, De beata vita, De libero arbitrio, De vera religione, De praesentia dei ad Dardanum (Epist. 187) continet. Eius scriptura, ut viro docto C. E. Wright videtur, decimi saeculi est. Cum in editionibus patrum bis adhibitus sit, id est in libro De beata vita et in libris De libero arbitrio, conferre poteris quae in CSEL 63, p. 15 et 74, p. IX de hoc codice scripta sunt.

Codex Rotomagensis 1380, olim Gemmeticensis, saeculo *R* decimo vel undecimo in regione oceano Britannico propinqua, ut Bischoff opinatur, scriptus est. Prioribus foliis 31 liber De vera religione continetur, deinde sequuntur ff. 32—216 vitae sanctorum, inter quos Wandregisilus et Ansbertus abbates Fontanellenses primum et ultimum locum obtinent. Suspicari igitur possumus librum aut in coenobio Fontanellensi aut in eius regione, fortasse in scriptorio Gemmeticensi confectum esse. Codicem in editione Vitae Wandregisili (MGH Script. Merov. V, 1—24, 1910) Krusch adhibuit.

Codex Andegavensis hodie numero 278 signatus, ex libris *A* monasterii sancti Albini, scripturam talem exhibet qualis in regione occidentalis Galliae prima parte saeculi undecimi adhibebatur. Post quattuor libros De doctrina Christiana (ff. 1—125^{v}) minora quaedam fragmenta habet ad primatum ecclesiae Romanae spectantia (ff. 125^{v}—126). Haec pars libri quaternionibus xvii constat, deinde nova series septem quaternionum (ff. 127—181) librum De vera religione habet una cum opusculo cui nomen est 'Septem sapientum sententiae septenis versibus explicatae' (Baehrens, Poetae Latini Minores III, 159—162).

C Alterum codicem Italicae originis praeter Nonantulanum habemus, qui est Casinensis 169. Duabus partibus constat, quarum prima paginis 1—128 librum Augustini De vera religione, 129—156 sermonem eiusdem De disciplina Christiana (PL 40, 669—678) continet. Pars altera, paginis 157—208 sermonem Sancti Ambrosii Autperti continens litteris Beneventanis scripta est saeculo undecimo ineunte; prima autem pars paulo post scripta est (*cf.* Lowe, Beneventan Script, 345). Huius codicis descriptionem amplam in Codicum Casinensium manuscriptorum Catalogo I, 2 (1923) invenies.

F Exeuntis saeculi undecimi est codex Vaticanus Reg. Lat. 107, olim Fiscannensis, quem accuratissime descripsit A. Wilmart in Catalogo anno 1937 edito. Quinque opera Augustini contra Manichaeos scripta continet, inter quae liber De vera religione ultimum locum habet. Textus ab exemplari codicis Monacensis simili derivatus esse videtur, quae res etiam in textu librorum De libero arbitrio apparet (*cf.* CSEL 74, p. XI).

T Codex Trecensis 1085 olim liber 'sancti Petri sanctique Frodoberti' (f. 227v) erat, id est illius cellae (Moutier-la-Celle) quam sanctus Frodobertus episcopus Trecensis anno fere 650 condidit. Saeculo undecimo vel duodecimo scriptus, ab editoribus identidem adhibitus est (CSEL 25, p. XXXII; 60, p. XIV; 63, p. 7f.). Interpunctio cum usu scribarum Cisterciensium congruit. Cum textu huius codicis fere ubique con-

Montepess. 137 sentit fragmentum s. IX scriptum, hodie in codice Montepessulano bibliothecae medicae (École de Médecine) sub numero 137, ff. 6—24 servatum. Scriptura ut me monet vir peritus F. Carey, eadem est qua scribae Autissiodurenses saeculo nono medio usi sunt. Ab exemplari simili derivatus est textus libri De vera religione in collectione illa omnium operum

Augustini s. XII in monasterio Claravallensi facta, quae hodie in bibliotheca Trecensi sex codicibus grandibus sub numero 40 servatur. Opusculum nostrum in tomo primo foliis 160—174 legitur. Videntur igitur tres codices Trecensis Autissiodurensis Claravallensis ab antiquo fonte huius regionis manavisse. Similis autem codici Claravallensi est codex Parisinus 16725 s. XII scriptus, ab abbatia sancti Martini de Campis profectus, ubi opusculum De vera religione ff. 137—147 legitur. Denique in codice Atrebatensi 548 inveniuntur quaedam folia (ff. 61—73) alicuius codicis deperditi s. XI scripti. Haec dimidiam fere partem operis nostri habent; textus autem plerumque cum codice Andegavensi consentit.

Claravall. (Trec. 40, 1) *Paris. 16725* *Atrebat. 548*

III. De testimoniis

Testis antiquissimus verborum Augustini ipse est auctor, quippe qui ante finem vitae librorum suorum 'Retractationes' scripsit. Ibi (1, 12) tredecim locos reperies in quibus verba operis nostri repetita sunt. Saepe eadem discordia est inter libros manuscriptos quae in nostris codicibus reperitur; aliis tamen locis, ubi codices Retractationum consentiunt, aliquid ponderis ad textum nostrum confirmandum habere videntur. *Retract.*

Maioris momenti sunt excerpta illa ex operibus sancti Augustini ab Eugippio abbate Lucullanensi prope Neapolim s. VI confecta. Ibi (CSEL 9, 106—124) fere quarta pars totius libri De vera religione transscripta est. Textus plerumque cum codicibus NBRA consentit; ubi autem hi inter se differunt, saepissime cum Andegavensi quadrat. *Eugipp.*

IV. Quae ratio inter codices intercedat

Codices antiquissimi neque in certas familias cogi possunt neque demonstrari potest quibus rivis testes adhuc exstantes ab uno fonte manare potuerint. Immo vero scripta Augustini auctore vivo fere ubique vulgata sunt ita ut per varios circuitus libri in quamvis bibliothecam posterioris temporis convenire possent. Scribis igitur exemplaria disparia saepe ad manum erant, e quibus lectionem potiorem eligere licebat; inde evenit ut omnes codices textum mixtum exhibeant. Saepe tamen quidam libri pluribus locis velut factio quaedam contra alteram partem consentiunt. Quae res saepe etiam in libris aliorum accidit; vide quae de codicibus Lucani Housman p. vi sq. dixit. Artissime inter se coniuncti sunt nostri codices RA, quibus semper fere adversantur MF. Plerumque coniuncti sunt NBRA, itemque ex adverso MLXF. C et T saepius cum RA consentiunt; nullus tamen est testis quin aliquando partes suas deserat. Coniunctiones igitur usitatae his exemplis selectis possunt exhiberi:

RA: 8, 8 persuadetur (suadetur *cett.*); 18, 12 corruptionibus (corruptioni *cett.*); 27, 28 sacramenta (*om. cett.*); 24, 6 a quo (et *cett.*); 41, 20 corporis (*om. cett.*); 49, 29 eius (dei usque *cett.*); 56, 23 rectos (beatos *cett.*); 59, 21 unius (omnis *cett.*); 65, 25 rectus (beatus *cett. A s. l.*); 68, 2 vigilanter (vehementer *cett.*) (*A s. l.*); 68, 20 errore (ore *cett.* A^2); 71, 19 galeae (alae *cett.*); 81, 1 deum (*om. cett.*). Cum RA plerumque consentiunt etiam codices Trecensis 40, Parisinus 1675, saepe etiam editores Maurini.

NRA: 1, 4 in qua (qua *cett.*); 11, 21 populo Christiano (congregatione Christiana *cett.*); 61, 3 corporalis (corporis *cett.*); 68, 21 probantes (adprobantes *cett.* A^2); 72, 26 voluntas (voluptas *cett.* A^2).

BRA: 6, 18 licet quique (potest quisque *cett. praeter N, ubi legitur* licet potest quisque; *unde apparet scribam lectiones iam adversantes confudisse*); 64, 2 dominus (deus *cett.*); 74, 1 per caritatem (spe caritate *cett.* R^2A^2); 75, 9—10 obligatam (ligatam *cett.*).

NBRA: 36, 1 ita (sic *cett.* A^2); 65, 19 eis (et his *cett.*); 69, 10 responderem (respondeam *cett.*); 77, 14 anteponantur (praeponantur *cett.*).

NBRAC: 33, 19 anima (animus *cett.*); 49, 9 fabricatus est (fabricavit *cett.*); 53, 9 ullum (illud *cett.*).

NBRAT: 47, 8 turbam (turbas *cett.* B^2); 65, 11 et (*om. cett.*); 66, 20 quando (aliquando *cett.*); 78, 18 domino (deo *cett.*).

Quattuor locis codices NB soli causam huius factionis sustinere videntur; semel fortasse 28, 14 textum genuinum servant: 22, 17 itaque (ita *cett.*); 28, 14 male dilecta (male dicta *MLXRAFT* male ducta A^2C male delectata *m*); 50, 14 spectent (exspectent *cett.*); 74, 5 liberavit (liberabit *cett.*).

Alterius factionis codices saepius in omissionibus aliisque mendis consentiunt, quae res in primis cognationem demonstrat. Consentiunt igitur codices MF in omissione verborum quinque 19, 15—16, quattuor 46, 3, trium 15, 21—2, duorum 13, 14 et 27, 12 et 34, 20. Semel 25, 13 in textum inrepserunt quinque verba alicuius scribae meditantis. Alia quoque menda horum duorum propria in apparatu reperies, raro tamen lectionem quam probare poteris. Hi codices etiam cum aliis sociati saepe in mendis deprehenduntur:

MLF: Omissiones reperies 36, 17; 65, 15; 66, 1 (ubi vox 'si' locum habet quattuor vocum deperditarum); 72, 12—13 (ubi sex verba omittuntur); 75, 2; 79, 11. Alia menda reperies 28, 10; 34, 27; 40, 11; 47, 7; 52, 24; 62, 16; 79, 6—7.

MXF: 27, 9 in (*om. cett.*); 28, 13—14 natura scilicet corporea (naturae scilicet corporeae *cett.*); 31, 13 possidere (possideri *cett.*); 66, 18 iustitia (iniustitia *cett.*); 71, 13 non possunt (possunt *cett.*).

MLXF: 17, 4 nihil (nihilum *cett.*); 26, 28 diligit (diligat *cett.*); 50, 27 nondum (non *cett.*); 64, 25 invictus sit (sit invictus *cett.*). Omissiones reperies 36, 23; 72, 8; 78, 16.

Aliquando etiam deserit Fiscannensis suam factionem ita ut soli restent ML (4, 5; 47, 23; 65, 28; 72, 1); MX (11, 5; 58, 17); MLX (54, 3; 63, 20).

Aliarum coniunctionum exempla minoris momenti sunt quam ut inde cognationes certae appareant.

V. Quam rationem in textu constituendo secutus sim

Editoribus patrum mos est e multitudine librorum manuscriptorum paucos eligere qui ad textum constituendum sufficere videntur. Pauci tamen, inter quos numeratur Otto Faller, editor ille diligentissimus operum Ambrosii (CSEL 73), maiorem laborem susceperunt. Ille enim libros fere omnes aut ex toto aut locis selectis contulit, postea tamen maximam partem velut 'catervam inutilem' (p. 30*) abiecit. Labor praegrandis erat, quem in manibus ab anno 1924 usque ad 1955 habuit (pp. 1*, 5*). Iuste de hac re scripsit G. Pasquali (Storia della Tradizione e Critica del Testo 36, 43): editorem diligentem debere omnes codices ex toto conferre, librum enim mendosum etiam posterioris aetatis alicubi textum genuinum servare posse; excusationem tamen legitimam habere editores patrum ecclesiasticorum, quorum opera in multitudine librorum quasi infinita legantur, ubi discrepantiae verborum parvi momenti sint. Tum nos monet ille vir spectatus ut paucos codices casu eligamus qui ad textum reficiendum sufficiant. Num quis antehac casu, ut monet, libros elegerit nescio; spero tamen neminem, si cum antiquioribus initium fecerim, me reprehensurum esse. Curavi igitur imagines faciendas photographicas omnium librorum ante saeculum XII scriptorum, nonnullorum praeterea saeculis XII et XIII scriptorum. Aetatis prioris libros in catalogis enumeratos repperi decem, fragmenta quattuor; haec omnia contuli. Saeculorum XII et XIII libri XLIX numerantur; ex his imagines librorum XVI faciendas curavi, quorum duos ex toto, alios ex parte contuli. Neque utile videtur longius progredi, nam libri posteriores fere nihil novi exhibent.

Neque ex codicibus optimum ducem secundum morem aetatis praeteritae eligere possum. Vetustate praestantissimus est Nonantulanus ille neque ulli bonitate cedit. Nusquam tamen lectionem sine dubio praestantem exhibet quam ceteri omnes amiserunt. Etenim in locis dubiis fere semper consentit N cum uno vel cum pluribus suae factionis BRA. Altera factio MLXF, sicut supra demonstravi, plerumque lacunis aliisque mendis distinguitur; non tamen sequitur ut textus eius ubique deterior sit. In eis locis ubi inter factiones ancipiti Marte pugnantes Eugippius velut arbiter praesto est, eum sequi malui; in aliis locis nihil consilii capere scio nisi ut eam lectionem accipiam quam usus scribendi atque contextus orationis postulare videtur.

Quod ad rationem recte scribendi pertinet, codicem Nonantulanum (*N*) sequor, exceptis eis locis ubi a norma plane digressus est. Solus saepe recte scribit verba Graeca velut 3, 9 scholas; 10, 14 schismata. Saepe etiam consonantes perperam mutat velut 4, 16 simulagra; 5, 9 adque; 10, 20 scribturis; 12, 24 capud. Haec et alia menda scribis illius aetatis communia ab apparatu velut parvi momenti exclusi.

Restat ut illis gratias agam qui mihi in hoc labore consilium dederunt, inter quos primum locum tenet professor Monacensis Bernhardus Bischoff. De codicibus consului etiam viros doctos E. A. Lowe, C. E. Wright, F. Carey, L. W. Jones. Neque fas est nomen praeterire illius feminae peritae J. Vielliard, quae plurimos codices exquisivit ut eorum imagines mihi auxilio submitteret.

Postremo maximam gratiam debeo viro doctissimo Vincentio Bulhart, qui et lapsus multos notavit et persaepe mihi lectiones probabiliores proposuit. Ille etiam numeros crassos addidit quibus textus in minimas partes nunc distinguitur.

William M. Green

Conspectus siglorum

N = Londiniensis Brit. Mus. Add. 43460, saec. VIII exeuntis, olim Nonantulanus
M = Monacensis 14527, saec. IX ineuntis
B = Bernensis 540, saec. IX med., cui accedit membrum eius disiectum Bernensis A 91, 13, ff. 1—8
L = Londiniensis Brit. Mus. Add. 11873, saec. X med.
X = Londiniensis Brit. Mus. Add. 10940, saec. X, olim S. Maximini Treverorum
R = Rotomagensis 1380, saec. X vel XI
A = Andegavensis 278, saec. XI ineunte scriptus
C = Casinensis 169, saec. XI ineunte scriptus
F = Vaticanus Reg. Lat. 107, saec. XI exeuntis, olim Fiscannensis
T = Trecensis 1085, saec. XI vel XII

p = editio prima Veneta 1483
b = editio Badii Parisina 1502
a = editio Amerbachii Basileensis 1506
e = editio Erasmi Basileensis 1528
m = editio Maurinorum Parisina 1679
edd = consensus Maurinorum cum aliquibus superiorum

S. AVRELI AVGVSTINI

DE VERA RELIGIONE

LIBER VNVS

DE VERA RELIGIONE

LIBER VNVS

I. 1. **1.** Cum omnis vitae bonae ac beatae via in vera religione sit constituta, qua unus deus colitur et purgatissima pietate cognoscitur principium naturarum omnium, a quo universitas et inchoatur et perficitur et continetur, hinc evidentius error deprehenditur eorum populorum qui multos deos colere quam unum verum deum et dominum omnium maluerunt, quod eorum sapientes, quos philosophos vocant, scholas habebant dissentientes et templa communia. **2.** Non enim vel populos vel sacerdotes latebat de ipsorum deorum natura quam diversa sentirent, cum suam quisque opinionem publice profiteri non formidaret atque omnibus, si posset, persuadere moliretur; omnes tamen cum sectatoribus suis diversa et adversa sentientibus ad sacra communia nullo prohibente veniebant. **3.** Non nunc agitur quis eorum senserit verius, sed certe illud satis, quantum mihi videtur, apparet: aliud eos in religione suscepisse cum populo et aliud eodem ipso populo audiente defendisse privatim.

II. 2. **4.** Socrates tamen audacior ceteris fuisse perhibetur, iurando per canem quemlibet et lapidem quemlibet et quidquid iuraturo esset in promptu et quasi ad manum occurrisset. Credo, intellegebat qualiacumque opera naturae quae administrante divina providentia gignerentur, multo quam hominum et quorumlibet opificum esse meliora et ideo divinis honoribus digniora, quam ea quae in templis colebantur,

deest B

4 in qua *NRA* 5–6 universitas omnis *RACF²T* 8 deum verum *RA* 14 omnis *N* et] atque *A* 16 verius senserit *edd.* 19 non audiente *ci.* *Bulhart* 21 et lapidem quemlibet *om.* *M* 26 colebant *L*

5. non quo vere lapis et canis essent colenda sapientibus, sed ut hoc modo intellegerent qui possent, tanta superstitione demersos esse homines, ut emergentibus hic esset tam turpis demonstrandus gradus, ad quem venire si puderet, viderent quanto magis pudendum esset in turpiore consistere. Simul et illos qui mundum istum visibilem summum deum esse opinabantur admonebat turpitudinis suae, docens esse consequens ut quilibet lapis tamquam summi dei particula coleretur; **6.** quod si exsecrarentur, mutarent sententiam et unum deum quaererent, quem solum supra mentes nostras esse et a quo omnem animam et totum istum mundum fabricatum. Postea suavius ad legendum quam potentius ad persuadendum scripsit Plato. Non enim sic isti nati erant ut populorum suorum opinionem ad verum cultum veri dei a simulacrorum superstitione atque ab huius mundi vanitate converterent. **7.** Itaque et ipse Socrates cum populo simulacra venerabatur et post eius damnationem mortemque nemo ausus est iurare per canem nec appellare quemcumque lapidem Iovem, sed haec tantummodo memoriae litterisque mandare. Quod utrum timore an aliqua cognitione temporum fecerint, iudicare non est meum.

8. Illud tamen fidentissime dixerim pace horum omnium III. 3.
qui eorum libros pervicaciter diligunt, Christianis temporibus quaenam religio potissimum tenenda sit et quae ad veritatem ac beatitudinem via, non esse dubitandum. Si enim Plato ipse viveret et me interrogantem non aspernaretur, vel potius, si quis eius discipulus eo ipso tempore quo vivebat cum sibi ab illo persuaderetur non corporeis oculis sed pura mente

22—11, 9 *cf.* Eugippii excerpta 19 p. 106—113 Knoell

deest B

1 quo] quod *edd.* 3 hinc *X* 4 pervenire A^2C 7 ammonebat *N* 11 fabricatum esse constaret *T edd.* 13 isti id est Socrates et Plato *F R* 14 suorum] ipsorum *N L R* A^1 *T* 20 timore severitatis R^2 F^2 *edd.* 21 nostrum *R* 25 beatitudinem *X R A Eug.*, beatitatem *cett.* via est *edd.* 26 non aspernaretur interrogantem *A* 27 vivebat eum interrogaret *edd.* 28 ab ipso *L*

veritatem videri, cui quaecumque anima inhaesisset eam beatam fieri atque perfectam, ad quam percipiendam nihil magis impedire quam vitam libidinibus deditam et falsas imagines rerum sensibilium quae nobis ab hoc sensibili mundo per corpus impressae varias opiniones erroresque generarent; **9.** quamobrem sanandum esse animum ad intuendam incommutabilem rerum formam et eodem modo semper se habentem atque undique sui similem pulchritudinem nec distentam locis nec tempore variatam, sed unum atque idem omni ex parte servantem, quam non crederent esse homines cum ipsa vere summeque sit; cetera nasci occidere fluere labi, et tamen in quantum sunt, ab illo aeterno deo per eius veritatem fabricata constare; **10.** in quibus animae tantum rationali et intellectuali datum ut eius aeternitatis contemplatione perfruatur atque adficiatur ex ea aeternamque vitam possit mereri; sed dum nascentium atque transeuntium rerum amore ac dolore sauciatur et dedita consuetudini huius vitae atque sensibus corporis inanibus vanescit imaginibus, inridet eos qui dicunt esse aliquid quod neque istis videatur oculis nec ullo phantasmate cogitetur, sed mente sola et intellegentia cerni queat —, **11.** cum haec ergo sibi a magistro persuaderentur, si ex eo quaereret ille discipulus utrum, si quisquam exsisteret vir magnus atque divinus qui talia populis persuaderet credenda saltem si percipere non valerent, ut si qui possent percipere non pravis opinionibus multitudinis implicati vulgaribus obruerentur erroribus, eum divinus honoribus dignum iudicaret, **12.** responderet, credo, ille, non posse hoc ab homine fieri nisi quem forte ipsa dei virtus atque sapientia ab ipsa rerum natura exceptum nec hominum magisterio,

---

deest B

---

7 se *om.* *X* C^1 13 consistere *X* 14 datum est *R A* *edd.*, est datum *F* 15 afficiatur orneturque *edd.* 18 evanescit *R* *edd.* 19 neque] nec *edd.* 21 a magistro sibi *R A T* *edd.* 22—23 exsisteret *N*, exis- *cett.* 24 saltim *R A T C* ut] at *C*, aut R^2 *F* *edd.* 24—25 percipere possent *A* 27 iudicarent dignum *R*

sed intima inluminatione ab incunabulis inlustratum tanta honestaret gratia tanta firmitate roboraret tanta denique maiestate subveheret, ut omnia contemnendo quae pravi homines cupiunt et omnia perpetiendo quae horrescunt et omnia faciendo quae mirantur genus humanum ad tam salubrem fidem summo amore atque auctoritate converteret; **13.** de honoribus vero eius frustra se consuli, cum facile possit existimari quanti honores debeantur sapientiae dei, qua gestante ille et gubernante pro vera salute generis humani magnum aliquid proprium et quod supra homines esset mereretur.

14. Quae si facta sunt, si litteris monumentisque cele- 4.
brantur, si ab una regione terrarum, in qua sola unus colebatur deus et ubi talem nasci oportebat, per totum orbem terrarum missi electi viri virtutibus atque sermonibus divini amoris incendia concitarunt, si confirmata saluberrima disciplina inluminatas terras posteris reliquerunt et, ne de praeteritis loquar quae licet cuique non credere, si hodie per gentes populosque praedicatur: *In principio erat verbum et verbum erat apud deum et deus erat verbum. Hoc erat in principio apud deum. Omnia per ipsum facta sunt et sine ipso factum est nihil*; **15.** si ad hoc percipiendum, diligendum, perfruendum, ut anima sanetur et tantae luci hauriendae mentis acies convalescat, dicitur avaris: *Nolite vobis condere thesauros in terra ubi tinea et rubigo exterminat et ubi fures effodiunt et furantur, sed thesaurizate vobis thesaurum in caelo ubi neque*

---

deest B usque ad lineam 16, deinde hic illic mutilus est

19–22 Ioh. 1, 1–3 24–7, 2 *Matth. 6, 19–21

---

2 roburaret *N* 5 miratur *N* 8 existimaret *M*, existimare *L* 9 et gubernante ille *edd.* provare *N*[1], probare *N*[2] 12–13 celebrabatur *X*, colebratur *R*[1] 18 licet cuique *BRA Eug.*, licet potest quisque *N*, potest quisque *cett.* 23 luces *N* 24 thesauros condere *L* 25 tinea et aerugo *edd.* exterminant *edd.* 26 sed *om. C* thesaurum *NBRAT* thesauros *cett. Vulg. cum Graeco Eug.*

tinea neque rubigo exterminat neque fures effodiunt. Ubi enim est thesaurus tuus, ibi est et cor tuum; dicitur luxuriosis: *Qui seminat in carne, de carne metet corruptionem*; *qui seminat in spiritu, de spiritu metet vitam aeternam*; **16.** dicitur superbis: *Qui se exaltat humiliabitur et qui se humiliat exaltabitur*; dicitur iracundis: *Accepisti alapam, para alteram maxillam*; dicitur discordiosis: *Diligite inimicos vestros*; dicitur superstitiosis: *Regnum dei intra vos est*; dicitur curiosis: Nolite quaerere *quae videntur, sed quae non videntur. Quae enim videntur temporalia sunt, quae autem non videntur aeterna*; postremo dicitur omnibus: *Nolite diligere mundum, quoniam ea quae in mundo sunt concupiscentia carnis est et concupis-*
5. *centia oculorum et ambitio saeculi*, **17.** si haec per totum orbem iam populis leguntur et cum veneratione libentissime audiuntur, si post tantum sanguinem tantos ignes tot cruces martyrum tanto fertilius et uberius usque ad barbaras nationes ecclesiae pullularunt, si tot iuvenum et virginum milia contemnentium nuptias casteque viventium iam nemo miratur — quod cum fecisset Plato usque adeo perversam temporum suorum timuit opinionem ut perhibeatur sacrificasse naturae, ut tamquam peccatum illud aboleretur —, si haec sic accipiuntur ut quomodo antea talia disputare, sic nunc contra disputare monstruosum sit, **18.** si tali pollicitationi atque sponsioni per omnes terrarum partes quas homines incolunt sacra christiana traduntur, si haec cotidie leguntur in eccle-

---

2—4 Gal. 6, 8 5 Luc. 14, 11; 18, 14 6 cf. Matth. 5, 39 7 Matth. 5, 44 8 Luc. 17, 21 9—10 II Cor. 4, 18 11—13 *I Ioh. 2, 15—16

---

1 effodiunt neque furantur *A F^2 edd. Vulg. cum Graeco* 1—2 est enim *LA* 2 si dicitur *A* 3 metet et *NR*, et metet *Vulg.* (et *non habet Graecus*) 8 dei] caelorum *BRAC* 10 aeterna sunt *NR Eug. Vulg.* 11 mundum neque ea quae in mundo sunt *X R^2 A F T Vulg. cum Graeco* quoniam omne quod *R^2 Vulg.* 15 cruores *R* 20 naturae naturam execratus *R^2 F^2 m-mg.* 21 sic *om. N* 22 contra non *R^2 C* 23 pollicitatione atque sponsione *NX* (tali . . . sponsioni *i. iis qui sic caste se victuros spondent*)

siis et a sacerdotibus exponuntur, si tundunt pectora qui haec implere conantur, si tam innumerabiles adgrediuntur hanc viam ut desertis divitiis et honoribus huius mundi ex omni hominum genere uni deo summo totam vitam dicare volentium desertae quondam insulae ac multarum terrarum solitudo compleatur, **19.** si denique per urbes atque oppida, castella vicos, agros etiam villasque privatas in tantum aperte suadetur et appetitur a terrenis aversio et in unum deum verumque conversio ut cotidie per universum orbem humanum genus una paene voce respondeat sursum cor habere se ad dominum: quid adhuc oscitamus crapulam hesternam et in mortuis pecudibus divina eloquia perscrutamur, si quando autem ad disputationem venitur, Platonico nomine ora crepantia quam pectus vero plenum magis habere gestimus?

20. Qui ergo sensibilem istum mundum contemnere et animam virtute purgandam summo deo subicere atque subiungere vanum aut malum putant, alia ratione refellendi sunt, si tamen cum his dignum est disputare. Qui autem bonum et appetendum fatentur, cognoscant deum et cedant deo, per quem populis iam omnibus haec credenda persuasa sunt. **21.** Quod utique ab ipsis fieret si tantum valerent; aut si non fieret, crimen invidentiae vitare non possent. Ergo cedant ei a quo factum est, nec curiositate aut inani iactantia inpediantur quominus agnoscant quid intersit inter paucorum timidas coniecturas et manifestam salutem correctionemque populorum. **22.** Illi enim si reviviscerent, quorum isti nominibus gloriantur, et invenirent refertas ecclesias, templa deserta,

IV. 6.

10 *cf.* Aug. serm. 227 PL 38, 1100 cum dicitur: Sursum cor, respondetis: Habemus ad dominum

2 conantur haec implere *edd.* 4 dicare deo *L* 7 vicos et *edd.* 8 persuadetur *LRA m* in] ad *T* 10 poene una voce *A* cor se habere *L*, corda se habere *edd.* 15 istum sensibilem *RA* 16—17 subiugare *F*[2] *edd.* 18 istis *L* disputare dignum est *A* 21 quod] quae *RA* fierent *RA* 22 fierent *RA* 25 tumidas *R*[2] correptionem *edd.* 27 templaque *edd.*

a cupiditate bonorum temporalium atque affluentium ad spem vitae aeternae et bona spiritalia et intellegibilia vocari et currere humanum genus, dicerent fortasse, si tales essent quales fuisse memorantur: 'Haec sunt quae nos persuadere populis non ausi sumus et eorum potius consuetudini cessimus, quam illos in nostram fidem voluntatemque traduximus.'

7. **23.** Ita si hanc vitam illi viri nobiscum rursus agere potuissent, viderent profecto cuius auctoritate facilius consuleretur hominibus, et paucis mutatis verbis atque sententiis Christiani fierent, sicut plerique recentiorum nostrorumque temporum Platonici fecerunt. **24.** Aut si hoc non faterentur nec facerent in superbia et invidia remanentes, nescio utrum possent ad ea ipsa quae appetenda et desideranda esse dixerant cum istis sordibus viscoque revolare. Nam tertio vitio curiositatis in percontandis daemonibus, quo isti maxime cum quibus nunc agitur pagani a christiana salute revocantur, quia nimis puerile est, nescio utrum tales illi praepedirentur viri.

V. 8. **25.** Sed quoquo modo se habeat philosophorum iactantia, illud cuivis intellegere facile est, religionem ab eis non esse quaerendam qui eadem sacra suscipiebant cum populis et de suorum deorum natura ac summo bono diversas contrariasque sententias in scholis suis eadem teste multitudine personabant. Quod si hoc unum tantum vitium christiana disciplina sanatum videremus, ineffabili laude praedicandam esse neminem negare oporteret. **26.** Hereses namque tam innumerabiles a regula Christianitatis aversae testes sunt non admitti ad communicanda sacramenta eos qui de patre deo et sapientia eius et munere divino aliter sentiunt et hominibus persuadere conantur quam veritas postulat. Sic enim creditur et docetur quod est humanae salutis caput, non aliam

---

1 et a *edd.* atque fluentium *B* R^2 *A C T Eug.*, et fluentium *edd.* (atque *i. q. et quidem*) 3 concurrere A^1 5—6 cessimus consuetudini *C* 7 itaque F^2 *T edd.* rursum *R* A^2 *T edd.* 11 neque *edd.* 14 viscoque revolare] suis coquere volare *N*, suis quocumque volare *B* 18 quo *N* habebat *M L* A^1 F^1 23 vitium tantum *T* 28 et spiritu sancto munere R^2 F^2 et de *N*

esse philosophiam, id est sapientiae studium, et aliam religionem, cum hi quorum doctrinam non approbamus nec sacramenta nobiscum communicant. **27.** Quod in illis minus 9. mirandum est qui eorum quoque sacramentorum ritu dispares esse voluerunt, sicut nescio qui Serpentini qui appellantur, sicut Manichaei, sicut alii nonnulli. Sed in illis magis animadvertendum hoc magisque praedicandum, qui paria sacramenta celebrantes, tamen quia sententia dispares sunt et errores suos animosius defendere quam cautius corrigere maluerunt, exclusi a catholica communione et a participatione quamvis parium sacramentorum propria vocabula propriosque conventus non in sermone tantum, sed etiam in superstitione meruerunt, ut Photiniani et Arriani multique praeterea. **28.** Nam de his qui schismata fecerunt alia quaestio est. Posset enim eos area dominica usque ad tempus ultimae ventilationis velut paleas sustinere, nisi vento superbiae nimia levitate cessissent et sese a nobis ultro separassent. Iudaei vero quamvis uni omnipotenti deo supplicent, sola tamen temporalia et visibilia bona de illo expectantes rudimenta novi populi ab humilitate surgentia in ipsis suis scripturis nimia securitate noluerunt advertere atque ita in vetere homine remanserunt. **29.** Quae cum ita sint, neque in confusione paganorum neque in purgamentis hereticorum neque in languore schismaticorum neque in caecitate Iudaeorum quaerenda religio est, sed apud eos solos qui Christiani catholici vel orthodoxi nominantur, id est integritatis custodes et recta sectantes.

30. Haec enim ecclesia catholica per totum orbem valide VI. 10. lateque diffusa omnibus errantibus utitur ad provectus suos et ad eorum correctionem cum evigilare voluerint. Utitur enim gentilibus ad materiam operationis suae, hereticis ad

---

6 sicut *prius om.* N, sicut *alt.*] et sicut X, *om.* A^1 7 est hoc RA 13 photiniani A^2 *edd.*, fotiniani $BXFT$, fotini $NMLC$, photini RA^1 et *om. edd.* ariani *edd.* 16 ut RA 21—22 veterem hominem N, veteri homine B^2LR^2F 25 est religio A *edd.* 28 valde RA^1F

probationem doctrinae suae, schismaticis ad documentum stabilitatis suae, Iudaeis ad comparationem pulchritudinis suae. **31.** Alios ergo invitat, alios excludit, alios relinquit, alios antecedit, omnibus tamen gratiae dei participandae dat potestatem, sive illi formandi sint adhuc sive reformandi sive recolligendi sive admittendi. Carnales autem suos, id est viventes aut sentientes carnaliter, tamquam paleas tolerat, quibus in area frumenta tutiora sunt donec talibus tegminibus exuantur. **32.** Sed quia in hac area pro voluntate quisque vel palea vel frumentum est, tamdiu sustinetur peccatum aut error cuiuslibet, donec aut accusatorem inveniat aut pravam opinionem pertinaci animositate defendat. Exclusi autem aut paenitendo redeunt aut in nequitiam male liberi defluunt ad ammonitionem nostrae diligentiae aut schisma faciunt ad exercitationem nostrae patientiae aut heresim aliquam gignunt ad examen sive occasionem nostrae intellegentiae. Hi sunt exitus Christianorum carnalium qui non potuerunt corrigi aut sustineri.

11. **33.** Saepe etiam sinit divina providentia per nonnullas nimium turbulentas carnalium hominum seditiones expelli de populo christiano etiam bonos viros. Quam contumeliam vel iniuriam suam cum patientissime pro ecclesiae pace tulerint neque ullas novitates vel schismatis vel heresis moliti fuerint, docebunt homines quam vero affectu et quanta sinceritate caritatis deo serviendum sit. **34.** Talium igitur virorum propositum est aut sedatis remeare turbinibus, aut si id non sinantur, vel eadem tempestate perseverante vel ne suo reditu talis aut saevior oriatur, tenent voluntatem consulendi etiam eis ipsis quorum motibus perturbationibusque cesserunt, sine ulla conventiculorum segregatione usque ad mortem defendentes et testimonio iuvantes eam fidem quam in ecclesia catholica praedicari sciunt. **35.** Hos coronat in occulto

---

5 illi reformandi *MX* 13 nequitia *C* 17 potuerint *MBLX* 21 populo christiano *NBRA*, congregatione christiana *cett. edd.* 25 igitur] ergo *edd.* 32 coronat in occulto pater] pater coronat *L*

pater in occulto videns. Rarum hoc videtur genus, sed tamen
exempla non desunt; immo plura sunt quam credi potest.
Ita omnibus generibus hominum et exemplorum ad animarum
curationem et ad institutionem spiritalis populi utitur divina
providentia.
36. Quam ob rem cum ante paucos annos promiserim VII. 12.
tibi scribere, carissime mihi Romaniane, quid de vera reli-
gione sentirem, tempus nunc esse arbitratus sum, postquam
tuas acerrimas interrogationes sine ullo certo fine fluctuare
ea caritate qua tibi obstrictus sum, diutius sustinere non pos-
sem. **37.** Repudiatis igitur omnibus qui neque in sacris philo-
sophantur nec in philosophia consecrantur, et his qui vel prava
opinione vel aliqua simultate superbientes a regula et com-
munione ecclesiae catholicae deviarunt, et his qui sanctarum
scripturarum lumen et spiritalis populi gratiam quod novum
testamentum vocatur habere noluerunt, quos quanta potui
brevitate perstrinxi, tenenda est nobis christiana religio et
eius ecclesiae communicatio quae catholica est et catholica
nominatur non solum a suis, verum etiam ab omnibus inimi-
cis. **38.** Velint nolint enim ipsi quoque heretici et schismatum
alumni, quando non cum suis, sed cum extraneis loquuntur,
catholicam nihil aliud quam catholicam vocant. Non enim
possunt intellegi nisi hoc eam nomine discernant quo ab uni-
verso orbe nuncupatur. **39.** Huius religionis sectandae caput 13.
est historia et prophetia dispensationis temporalis divinae pro-
videntiae pro salute generis humani in aeternam vitam refor-
mandi atque reparandi. Quae cum credita fuerit, mentem
purgabit vitae modus divinis praeceptis conciliatus et ido-
neam faciet spiritalibus percipiendis — quae nec praeterita
sunt nec futura sed eodem modo semper manentia, nulli

1 *Matth. 6, 6 6–8 *cf.* c. Acad. 2, 3, 8

4 institutiones *MLXCF* 8 arbitratus sum esse *L* 14 sanctarum] suarum *MXRT* 19 ab *om. M* 21 locuntur *MXCFT* 23 intelligere *T* 26 humani generis *A* 28 purgavit *N* de divinis *NBRA*^{1}*T*

mutabilitati obnoxia —, id est, unum ipsum deum patrem et filium et spiritum sanctum. **40.** Qua trinitate quantum in hac vita datum est cognita, omnis intellectualis et animalis et corporalis creatura ab eadem trinitate creatrice esse in quantum est et ordinatissime administrari sine ulla dubitatione perspicitur; non ut aliam partem totius creaturae fecisse intellegatur pater et aliam filius et aliam spiritus sanctus, sed et simul omnia et unamquamque naturam patrem fecisse per filium in dono spiritus sancti. **41.** Omnis enim res vel substantia vel essentia vel natura, vel si quo alio verbo melius enuntiatur, simul habet haec tria: ut et unum aliquod sit et specie propria discernatur a ceteris et rerum ordinem non excedat.

VIII. 14. **42.** Quo cognito satis apparebit, quantum homo adsequi potest, quam necessariis et invictis et iustis legibus deo et domino suo cuncta subiecta sint. Ex quo illa omnia quae primo credidimus, nihil nisi auctoritatem secuti, partim sic intelleguntur ut videamus esse certissima, partim sic ut videamus fieri posse atque ita fieri oportuisse doleamusque illos haec non credentes, qui nos antea credentes inridere quam nobiscum credere maluerunt. **43.** Non enim iam illa hominis sacrosancta susceptio et virginis partus et mors filii dei pro nobis et resurrectio a mortuis et in caelum ascensio et consessus ad dexteram patris et peccatorum abolitio et iudicii dies et corporum resuscitatio, cognita aeternitate trinitatis et mutabilitate creaturae, creduntur tantum et non etiam iudicantur ad summi dei misericordiam, quam generi humano exhibet, pertinere.

15. **44.** Sed quoniam verissime dictum est: *Oportet multas hereses esse ut probati manifesti fiant inter vos*, utamur etiam

28—29 *I Cor. 11, 19

1 ipsi uni deo patri et filio et spiritui sancto $R^2 A C$ (unum *eqs. scil.* mens percipiet) ipsum *i.* τόν (*de postpositione cf. Thes. s. v.* ille *359, 25. 39*) 3 omnibus *M F* 5 est et speciem suam habere *edd.* 11 haec tria habet *edd.* 14 et iustis *om. M F* 15 sint] sit *M*, sunt $R^1 A^1 C^1 T$ subiecta cuncta sunt *L* 17 intellegantur $C^2 F$, intelligentur *A* 29 esse hereses *X* in vobis *L Vulg.*

isto divinae providentiae beneficio. Ex his enim hominibus heretici fiunt qui, etiamsi essent in ecclesia, nihilominus errarent. Cum autem foris sunt plurimum prosunt, non verum docendo quod nesciunt, sed ad verum quaerendum carnales et ad verum aperiendum spiritales catholicos excitando. **45.** Sunt enim innumerabiles in sancta ecclesia deo probati viri, sed manifesti non fiunt inter nos, quamdiu imperitiae nostrae tenebris delectati dormire malumus quam lucem veritatis intueri. Quapropter multi ut diem dei videant et gaudeant, per hereticos de somno excitantur. Utamur ergo etiam hereticis non ut eorum approbemus errores, sed ut catholicam disciplinam adversus eorum insidias adserentes vigilantiores et cautiores simus, etiamsi eos ad salutem revocare non possumus.

46. Credo autem adfuturum deum ut ista scriptura prae- IX. 16.
cedente pietate legentibus bonis non adversus unam aliquam sed adversus omnes pravas et falsas opiniones possit valere. Contra eos tamen potissimum est instituta qui duas naturas vel substantias singulis principiis adversus invicem rebelles esse arbitrantur. **47.** Offensi enim quibusdam rebus et rursus quibusdam delectati, non earum quibus offenduntur, sed earum quibus delectantur volunt esse auctorem deum. Et cum consuetudinem suam vincere nequeunt iam carnalibus laqueis inretitam, duas animas esse in uno corpore existimant, unam de deo quae naturaliter hoc sit quod ipse, alteram de gente tenebrarum quam deus nec genuerit nec fecerit nec protulerit nec abiecerit, sed quae suam vitam suam terram suos fetus et animalia, suum postremo regnum habuerit ingenitumque principium; **48.** sed quodam tempore adversus deum rebellasse, deum autem, qui aliud quod faceret non haberet et quomodo aliter posset hosti resistere non inveniret, necessitate oppressum misisse huc animam bonam et quandam parti-

6 ecclesia sancta *edd.* a deo *N* 17 et falsas] falsas R^{1}, falsasque *A* 24 inretiti *M L F T edd.* 25 quod ipse est *R*, quod est ipse *A* 30 qui] quia *N*, cum *m* 32 et *om.* N^{1}*R A C*

culam substantiae suae, cuius commixtione atque miseria hostem temperatum esse somniant et mundum fabricatum.
17. **49.** Neque nunc eorum opiniones refellimus, quod partim iam fecimus, partim quantum deus siverit faciemus, sed in hoc opere quomodo adversus eos fides catholica tuta sit et quomodo non perturbent animum ea quibus commoti homines in eorum cedunt sententiam, rationibus quas dominus dare dignatur quantum possumus demonstramus. **50.** Illud sane in primis tenere te volo, qui bene nosti animum meum, non hoc me fugiendae adrogantiae gratia quasi solemniter dicere: quidquid in his litteris erroris inveniri poterit, hoc solum mihi esse tribuendum, quidquid autem verum et convenienter expositum, uni omnium bonorum munerum largitori deo.

X. 18. **51.** Quam ob rem sit tibi manifestum atque perceptum nullum errorem in religione esse potuisse, si anima pro deo suo non coleret animam aut corpus aut phantasmata sua aut horum aliqua duo coniuncta aut certe simul omnia, sed in hac vita societati generis humani sine dolo temporaliter congruens aeterna meditaretur, unum deum colens; qui nisi permaneret incommutabilis, nulla mutabilis natura remaneret. **52.** Mutari autem animam posse, non quidem localiter sed tamen temporaliter, suis affectionibus quisque cognoscit. Corpus vero et temporibus et locis esse mutabile cuivis advertere facile est. Phantasmata porro nihil sunt aliud quam de specie corporis corporeo sensu adtracta figmenta; quae memoriae mandare ut accepta sunt, vel partiri vel multiplicare vel contrahere vel distendere vel ordinare vel perturbare vel quolibet modo figurare cogitando facillimum est, sed
19. cum verum quaeritur, cavere et vitare difficile. **53.** Non ergo *creaturae potius quam creatori* serviamus nec evanescamus *in cogitationibus nostris*, et perfecta religio est. Aeterno enim

14—17 *cf.* Retract. 1, 12, 2 30—31 *cf.* Rom. 1, 21. 25 Retract. 1, 12, 2

1 suae substantiae *edd.* miscela *m* 3 opiniones eorum *edd.* iam partim *R A* 7 donare *R A T* 8 demonstrabimus *X* 10 fugiendae me *L* 11 potuerit *B* 13 uni *om. L* 14 praeceptum B 21—22 sed tamen temporaliter *om. M F* 29 difficile est *A T* 31 et] haec *F*[2]

creatori adherentes et nos aeternitate afficiamur necesse est. **54.** Sed quia hoc anima peccatis suis obruta et implicata per se ipsam videre ac tenere non posset, nullo in rebus humanis ad divina capessenda interposito gradu per quem ad dei similitudinem a terrena vita homo niteretur, ineffabili misericordia dei temporali dispensatione per creaturam mutabilem, sed tamen aeternis legibus servientem ad commemorationem primae suae perfectaeque naturae partim singulis hominibus partim vero ipsi hominum generi subvenitur. **55.** Ea est nostris temporibus christiana religio, quam cognoscere ac sequi securissima et certissima salus est.

Defendi autem adversus loquaces et aperiri quaeren- 20.
tibus multis modis potest, omnipotente ipso deo per se ipsum demonstrante quae vera sunt, et ad haec intuenda et percipienda bonas voluntates per bonos angelos et quoslibet homines adiuvante. **56.** Eo modo autem quisque utitur quem videt congruere his cum quibus agit. Ego itaque diu multumque considerans quales oblatrantes et quales quaerentes expertus sim, vel qualis ipse, sive cum latrarem sive cum quaererem, fuerim, hoc modo mihi utendum putavi: **57.** quae vera esse perspexeris, tene, et ecclesiae catholicae tribue; quae falsa, respue, et mihi qui homo sum ignosce; quae dubia, crede donec aut respuenda esse aut vera esse aut semper credenda esse vel ratio doceat vel praecipiat auctoritas. Intende igitur in haec quae sequuntur diligenter et pie quantum potes; tales enim adiuvat deus.

58. Nulla vita est quae non sit ex deo, quia deus utique XI. 21.
summa vita est et ipse fons vitae, nec aliqua vita in quantum vita est malum est, sed in quantum vergit ad mortem. Mors autem vitae non est nisi nequitia, quae ab eo quod ne quicquam sit dicta est, et ideo nequissimi homines nihili homines

9—11 *cf.* Rectract. 1, 12, 3 24—26 *cf.* Retract. 1, 12, 4

1 adherere *N* 5 a terrena] aeterna *M A*[1] *F* ineffabilis *N M*[1] *F* 6 dispositione *C* 9 est enim *C* 11 et] ac *M L X C F* 16 eo ipso modo *B* 25 in *om. C* potest *L* 30—31 nec quicquam *N X*

appellantur. Vita ergo voluntario defectu deficiens ab illo qui eam fecit et cuius essentia fruebatur, et volens contra dei legem frui corporibus, quibus eam deus praefecit, vergit ad nihilum. Et haec est nequitia, non quia corpus iam nihilum est. **59.** Nam et ipsum habet aliquam concordiam partium suarum, sine qua omnino esse non posset. Ergo ab eo factum est et corpus qui omnis concordiae caput est. Habet corpus quandam pacem suae formae, sine qua prorsus nihil esset, — ergo ille est et corporis conditor a quo pax omnis est et qui forma est infabricata atque omnium formosissima —, habet aliquam speciem, sine qua corpus non est corpus. **60.** Si ergo quaeritur quis instituerit corpus, ille quaeratur qui est omnium speciosissimus. Omnis enim species ab illo est. Quis est autem hic, nisi unus deus, una veritas, una salus omnium et prima atque summa essentia? ex qua est omne quicquid est, in quantum est; quia in quantum est quicquid est, bonum
22. est. **61.** Et ideo ex deo non est mors. *Non* enim *deus mortem fecit nec laetatur in perditione vivorum*, quoniam summa essentia esse facit omne quod est, unde et essentia dicitur, mors autem non esse cogit quidquid moritur. Nam si ea quae moriuntur penitus morerentur, ad nihilum sine dubio pervenirent; sed tantum moriuntur quanto minus essentiae participant. Quod brevius ita dici potest: tanto magis moriuntur quanto minus sunt. **62.** Corpus autem minus est quam vita quaelibet, quoniam quantulumcumque manet in specie, per vitam manet, sive qua unumquodque animal sive qua universa natura mundi administratur. Corpus ergo magis subiacet morti et ideo vicinius est nihilo; quapropter vita, quae fructu corporis delectata neglegit deum, inclinatur ad nihilum, et ista est nequitia.

---

4 *cf.* Beat. vit. 2, 8; Cic. Tusc. 3, 8, 18 17—18 Sap. 1, 13

---

1 ab eo *edd.* 4 est *om.* *MCF* nihil *MLXF* 13 qui *N* 19 facit esse *RAC* 20 moritur in quantum moritur *R edd.* 21 morirentur *MR*[1] 22 quantum *LRAT* 27 mundi natura *edd.* ergo] enim *X*

63. Hoc pacto autem vita carnalis et terrena efficitur XII. 23.
et ob hoc etiam caro et terra nominatur. Et quamdiu ita est,
regnum dei non possidebit et eripitur ei quod amat. Id enim
amat quod et minus est quam vita, quia corpus est, et propter
ipsum peccatum, quod amatur fit corruptibile, ut fluendo
deserat amatorem suum, quia et ille hoc amando deseruit
deum. Praecepta enim eius neglexit dicentis: Hoc manduca
et hoc noli. **64.** Trahitur ergo ad poenas, quia diligendo in-
feriora in egestate voluptatum suarum et in doloribus apud
inferos ordinatur. Quid est enim dolor qui dicitur corporis,
nisi corruptio repentina salutis eius rei quam male utendo
anima corruptioni obnoxiavit? Quid autem dolor qui dicitur
animi, nisi carere mutabilibus rebus quibus fruebatur aut
frui se posse speraverat? Et hoc est totum quod dicitur
malum, id est, peccatum et poena peccati. **65.** Si autem dum 24.
in hoc stadio vitae humanae anima degit, vincat eas quas
adversum se nutrivit cupiditates fruendo mortalibus, et ad
eas vincendas gratia dei se adiuvari credat, mente illi serviens
et bona voluntate, sine dubitatione reparabitur et a multis
mutabilibus ad unum incommutabile revertetur, reformata
per sapientiam non formatam, sed per quam formantur uni-
versa, fruiturque deo per spiritum sanctum, quod est donum
dei. **66.** Ita fit homo spiritalis omnia iudicans, ut ipse a ne-
mine iudicetur, diligens dominum deum suum *in toto corde,*
in tota anima, in tota mente et diligens proximum suum non
carnaliter, sed tamquam se ipsum; se autem spiritaliter diligit
qui ex toto quod in eo vivit deum diligit. *In his* enim *duobus*
praeceptis tota lex pendet et prophetae. **67.** Inde iam erit con- 25.

7–8 *cf.* Gen. 2, 16–17 23–24 *cf.* I Cor. 2, 15 24–26 *cf.* Matth. 22, 37–39 27–28 *Matth. 22, 40 28–19, 3 *cf.* Rectract. 1, 12, 5

1 autem pacto *T edd.* 5 quo *N B R* 12 corruptionibus *R A* obnoxiavit] obnoxia fit *X*, obnoxia vivit *C A mg*, fecit obnoxiam *T bae* 14 sperabat *B R A C* 16 studio *N* 17 ad] si ad *R*, *om. N* 20 incommutabilem *M L X F T* 22 frueturque *C T A²* *edd.* sanctum spiritum *M C F* 23 diiudicans *T* 24 corde suo *N T edd.* 25 et in tota anima et in *R A* 28 mandatis *R Vulg.*

sequens ut post mortem corporalem, quam debemus primo peccato, tempore suo atque ordine suo hoc corpus restituatur pristinae stabilitati, quam non per se habebit, sed per animam stabilitam in deo. Quae rursus non per se stabilitur, sed per deum quo fruitur, ideoque amplius quam corpus vigebit; corpus enim per ipsam vigebit et ipsa per incommutabilem veritatem, qui filius dei unicus est. Atque ita et corpus per ipsum filium dei vigebit, quia *omnia per ipsum.* **68.** Dono etiam eius, quod animae datur, id est sancto spiritu, non solum anima cui datur salva et pacata et sancta fit, sed ipsum etiam corpus vivificabitur eritque in natura sua mundissimum. Ille enim dicit: *Mundate quae intus sunt, et quae foris sunt munda erunt.* Dicit et apostolus: *Vivificabit et mortalia corpora vestra propter spiritum manentem in vobis.* **69.** Ablato ergo peccato auferetur poena peccati: et ubi est malum? *Ubi est, mors, contentio tua? Ubi est, mors, aculeus tuus?* Vincit enim essentia nihilum et sic *absorbetur mors in victoriam.*

XIII. 26. **70.** Nec aliquid sanctificatis malus angelus oberit, qui diabolus dicitur, quia et ipse, in quantum angelus est, non est malum, sed in quantum perversus est propria voluntate. Fatendum est enim et angelos natura esse mutabiles, si solus deus est incommutabilis; sed ea voluntate qua magis deum quam se diligunt, firmi et stabiles manent in illo et fruuntur maiestate ipsius, ei uni libentissime subditi. **71.** Ille autem angelus magis se ipsum quam deum diligendo subditus ei esse noluit et intumuit per superbiam et a summa essentia defecit et lapsus est. Et ob hoc minus est quam fuit, quia eo quod minus erat frui voluit, cum magis voluit sua potentia

8 Ioh. 1, 3   8—11 *cf.* Rom. 8, 11   12—13 *cf.* Matth. 23, 26   13—14 *Rom. 8, 11   15—16 *I Cor. 15, 55   17 *I Cor. 15, 54

1 temporalem $R^2 A^1 C$ 6 per ipsam *om. N*   7 et *om. N*   9 spiritu sancto *NB*   10 etiam ipsum *RA*   11 ille] ipse *edd.*   12 dixit *A edd.*   15 aufertur $NBRA^2$ et poena *edd.*   15—16 Ubi est mors contentio tua *om. MF*   17 victoria $NXRF^2T$ *Vulg.*   20 malus *F edd.*   21—22 deus solus *N*   28 maius erat frui noluit *L*

frui quam dei. Quamquam enim non summe, tamen amplius erat quando eo quod summe est fruebatur, quoniam deus solus summe est. **72.** Quidquid autem minus est quam erat, non in quantum est, sed in quantum minus est, malum est. Eo enim quo minus est quam erat tendit ad mortem. Quid autem mirum si ex defectu inopia et ex inopia invidentia, qua diabolus utique diabolus est?

73. Defectus autem iste quod peccatum vocatur, si tam- XIV. 27.
quam febris invitum occuparet, recte iniusta poena videretur quae peccantem consequitur et quae damnatio nuncupatur. Nunc vero usque adeo peccatum voluntarium malum est, ut nullo modo sit peccatum si non sit voluntarium. Et hoc quidem ita manifestum est, ut nulla hinc doctorum paucitas, nulla indoctorum turba dissentiat. **74.** Quare aut negandum est peccatum committi aut fatendum voluntate committi. Non autem recte negat peccasse animam, qui et paenitendo eam corrigi fatetur et veniam paenitenti dari et perseverantem in peccatis iusta dei lege damnari. Postremo, si non voluntate male faciamus, nemo obiurgandus omnino aut monendus est. Quibus sublatis christiana lex et disciplina omnis religionis auferatur necesse est. **75.** Voluntate ergo peccatur. Et quoniam peccari non dubium est, ne hoc quidem dubitandum video, habere animas liberum voluntatis arbitrium. Tales enim servos suos meliores esse deus iudicavit, si ei servirent liberaliter; quod nullo modo fieri posset si non voluntate sed necessitate servirent. **76.** Liberaliter igitur deo angeli ser- 28.
viunt, neque hoc deo, sed ipsis prodest. Deus enim bono alterius non indiget, quoniam a se ipso est. Quod autem ab eo genitum est, id ipsum est, quia non est factum, sed geni-

11—12 *cf.* Retract. 1, 12, 6

3 summe est ab eo quod est hoc est ego sum qui sum et qui est misit me *N* 6 si sit *RA* 11 est malum *edd.* 15 fatendum est *BACT edd.* 18 dei legem *NB* lege dei *A edd.* 19 est omnino aut monendus *edd.* 22 ne] nec *RAC* 28 quoniam] qui *NRAC*, quia *T* est a se ipso *A*

tum. Illa vero quae facta sunt eius bono indigent, summo scilicet bono, id est summa essentia. Minus autem sunt quam erant, cum per animae peccatum minus ad illum moventur; nec tamen penitus separantur, nam omnino nulla essent. **77.** Quod autem affectibus contingit animae, hoc locis corpori; nam illa movetur voluntate, corpus autem spatio. Quod autem homini a perverso angelo persuasum dicitur, et ad hoc utique voluntate consensit. Nam si necessitate id fecisset, nullo peccati crimine teneretur.

XV. 29. **78.** Quod vero corpus hominis, cum ante peccatum esset in suo genere optimum, post peccatum factum est inbecillosum et morti destinatum, quamquam iusta vindicta peccati sit, plus tamen clementiae domini quam severitatis ostendit. Ita enim nobis suadebatur, a corporis voluptatibus ad aeternam essentiam veritatis amorem nostrum oportere converti. **79.** Et est iustitiae pulchritudo cum benignitatis gratia concordans, ut, quoniam bonorum inferiorum dulcedine decepti sumus, amaritudine poenarum erudiamur. Nam ita etiam nostra supplicia divina providentia moderata est, ut et in hoc corpore tam corruptibili ad iustitiam tendere liceret et deposita omni superbia uni deo vero collum subdere, nihil de se ipso fidere, illi uni se regendum tuendumque committere. **80.** Ita ipso duce homo bonae voluntatis molestias huius vitae in usum fortitudinis vertit; in copia vero voluptatum prosperisque successibus temporalium temperantiam suam probat et roborat, acuit in temptationibus prudentiam, ut non solum in eas non inducatur, sed fiat etiam vigilantior et in amorem veritatis, quae sola non fallit, ardentior.

XVI. 30. **81.** Sed cum omnibus modis medeatur animis deus pro temporum opportunitatibus, quae mira sapientia eius ordinantur — de quibus aut non est tractandum aut inter pios perfectosque tractandum est —, nullo modo beneficientius consuluit

---

32–24, 12 *cf.* Eugippi Exc. 20 p. 113–116 Knoell

---

7 et] etiam *edd. om. TX* 13 domini] dei RA^2 32 beneficentius *N edd.*

generi humano quam cum ipsa dei sapientia, id est unicus filius consubstantialis patri et coaeternus, totum hominem suscipere dignatus est *et verbum caro factum est et habitavit in nobis.* **82.** Ita enim demonstravit carnalibus et non valentibus intueri mente veritatem corporeisque sensibus deditis, quam excelsum locum inter creaturas habeat humana natura, quod non solum visibiliter — nam id poterat et in aliquo aethereo corpore ad nostrorum aspectuum tolerantiam temperato —, sed hominibus in vero homine apparuit. Ipsa enim natura suscipienda erat quae liberanda. Et ne quis forte sexus a suo creatore se contemptum putaret, virum suscepit, natus ex femina est. **83.** Nihil egit vi, sed omnia suadendo et 31.
monendo. Vetere quippe servitute transacta tempus libertatis inluxerat et oportune iam homini suadebatur atque salubriter quam libero esset creatus arbitrio. Miraculis conciliavit fidem deo qui erat, passione homini quem gerebat. Ita loquens ad turbas ut deus nuntiatam sibi matrem negavit et tamen, ut evangelium loquitur, puer parentibus subditus erat. Doctrina enim deus apparebat, aetatibus homo. **84.** Item aquam in vinum conversurus ut deus dicit: Recede a me, mulier; *mihi et tibi quid est? Nondum venit hora mea.* Cum autem venisset hora qua ut homo moreretur, de cruce cognitam matrem commendavit discipulo quem prae ceteris diligebat. Satellites voluptatum divitias perniciose populi appetebant: pauper esse voluit; honoribus et imperiis inhiabant: rex fieri noluit; carnales filios magnum bonum putabant: tale coniugium prolemque contempsit; **85.** contumelias superbissime horrebant: omne genus contumeliarum sustinuit; iniurias intolerabiles esse arbitrabantur: quae maior iniuria

3–4 Ioh. 1, 14 12 *cf.* Retract. 1, 12, 7 17 *cf.* Matth. 12, 48 18 *cf.* Luc. 2, 51 21 *Ioh. 2, 4 22–23 *cf.* Ioh. 19, 26–27

1 sapientia dei *edd.* 5 corporisque *A C* 6 creaturam $M^1 F$ 9 sed etiam *X*, *om. C* 12 est *om.* $A^1 R$ *edd.* 16 passioni *N L* regebat $M F^1$ 17 itaque *N B* 19 apparebat deus *R A* aetatibus] et actibus *N L T* 20 a me inquit *R A* 29 iniuria est *R A*

quam iustum innocentemque damnari? dolores corporis execrabantur: flagellatus atque cruciatus est; mori metuebant: morte multatus est; ignominiosissimum mortis genus crucem putabant: crucifixus est. Omnia quae habere cupientes non recte vivebamus, carendo vilefecit, omnia quae vitare cupientes ab studio ⟨veritatis⟩ deviabamus, perpetiendo deiecit. Non enim ullum peccatum committi potest, nisi dum appetuntur ea quae ille contempsit, aut fugiuntur quae ille susti-
32. nuit. **86.** Tota itaque vita eius in terris per hominem quem suscipere dignatus est disciplina morum fuit, resurrectio vero eius a mortuis nihil hominis perire naturae, cum omnia salva sunt deo, satis indicavit, et quemadmodum cuncta serviant creatori suo sive ad vindictam peccatorum sive ad hominis liberationem quamque facile corpus animae serviat, cum ipsa subicitur deo. **87.** Quibus perfectis non solum nulla substantia malum est — quod fieri numquam potest —, sed etiam nullo malo afficitur, quod fieri per peccatum et vindictam potuit. Et haec est disciplina naturalis, Christianis minus intellegentibus plena fide digna, intellegentibus autem omni errore purgata.

XVII. 33. **88.** Iam vero ipse totius doctrinae modus, partim apertissimus, partim similitudinibus in dictis, in factis, in sacramentis ad omnem animae instructionem exercitationemque adcommodatus quid aliud quam rationalis disciplinae regulam implevit? Nam et mysteriorum expositio ad ea dirigitur quae apertissime dicta sunt. Et si ea tantum essent quae facillime intelleguntur, nec studiose quaereretur nec suaviter inveniretur veritas, neque si essent in scripturis et in sacramentis non essent signacula veritatis, satis cum cogni-

---

5 videbamus *L*, vitabamus (*om.* recte) *A* vilia fecit *X m-mg* 6 a studio *edd.*, ab stadio (*i. a recta via*) '*quidam critici*' *Migne* deviabamus] detinebamus *N* deviabamus veritatis *edd.* 7 nisi aut $L^2 m$ 8 contemsit *NB* 10 disciplina nobis *R* 14 animo *RAC* ipse *RAC* 15 perspectis $R^2 C$ 16 numquam fieri *X* 21—22 apertissimis $L^1 R$, apertissimis rationibus *bae*, apertissime *C* 28 in scripturis sacramenta *RA Eug. edd.*

tione actio conveniret. **89.** Nunc vero quoniam pietas timore inchoatur, caritate perficitur, populus timore constrictus tempore servitutis in vetere lege multis sacramentis onerabatur. Hoc enim utile talibus erat ad desiderandam gratiam dei, quae per prophetas ventura canebatur. Quae ubi venit ab ipsa dei sapientia homine adsumto et in libertatem vocati sumus, pauca sacramenta saluberrima constituta sunt, quae societatem christiani populi, hoc est sub uno deo liberae multitudinis continerent. **90.** Multa vero quae populo Hebraeo, hoc est sub eodem uno deo compeditae multitudini imposita erant, ab actione remota sunt, in fide atque interpretatione manserunt. Ita nec serviliter alligant et exercent liberaliter animum.
91. Quisquis autem ideo negat utrumque testamentum ab 34.
uno deo esse posse, quia non eisdem sacramentis tenetur populus noster quibus Iudaei tenebantur vel adhuc tenentur, potest dicere non posse fieri ut unus paterfamilias iustissimus aliud imperet eis quibus servitutem duriorem utilem iudicat, aliud eis quos in filiorum gradum adoptare dignatur. **92.** Si autem praecepta vitae movent, quod in vetere lege minora sunt, in evangelio maiora, et ideo putatur non ad unum deum utraque pertinere, potest qui hoc putat perturbari, si unus medicus alia per ministros suos inbecillioribus, alia per se ipsum valentioribus praecipiat ad reparandam vel obtinendam salutem. **93.** Ut enim ars medicinae, cum eadem maneat neque ullo pacto ipsa mutetur, mutat tamen praecepta languentibus, quia mutabilis est nostra valetudo, ita divina providentia, cum sit ipsa omnino incommutabilis, mutabili tamen creaturae varie subvenit et pro diversitate morborum alias alia iubet aut vetat, ut a vitio, unde mors incipit, et ab ipsa morte ad naturam suam et essentiam ea quae deficiunt, id est ad nihilum tendunt, reducat et firmet.

94. Sed dicis mihi: Quare deficiunt? Quia mutabilia sunt. XVIII. 35.

---

4 talibus utile *edd.* 6 adsumto *NMFB*, adsumpto *L*, assumpto *cett. edd.* et] a quo *RA edd.* libertate *MLF* 12 ita nunc *edd.* 28 alias] aliis R^{2}*A bpae* 32 dices *LT*

Quare mutabilia sunt? Quia non summe sunt. Quare non summe sunt? Quia inferiora sunt eo a quo facta sunt. Quis ea fecit? Qui summe est. Quis hic est? Deus incommutabilis trinitas, quoniam et per summam sapientiam ea fecit et summa benignitate conservat. Cur ea fecit? Ut essent; ipsum enim quantumcumque esse bonum est, quia summum bonum est summe esse. Unde fecit? Ex nihilo, quoniam quidquid est, quantulacumque specie sit necesse est; ita etsi minimum bonum, tamen bonum erit et ex deo erit. **95.** Nam quoniam summa species summum bonum est, minima species minimum bonum est; omne autem bonum aut deus aut ex deo; ergo ex deo est etiam minima species. Sane quod de specie, hoc etiam de forma dici potest; neque enim frustra tam speciosissimum quam etiam formosissimum in laude ponitur. **96.** Id igitur est unde fecit deus omnia, quod nullam speciem habet nullamque formam; quod nihil est aliud quam nihil. Nam illud quod in comparatione perfectorum informe dicitur, si habet aliquid formae, quamvis exiguum, quamvis inchoatum, nondum est nihil, ac per hoc id quoque in quantum est, non
36. est nisi ex deo. **97.** Quapropter etiam si de aliqua informi materia factus est mundus, haec ipsa facta est de omnino nihilo. Nam et quod nondum formatum est, tamen, aliquo modo ut formari possit inchoatum est, dei beneficio formabile est; bonum est enim esse formatum. Nonnullum ergo bonum est et capacitas formae; et ideo bonorum omnium auctor, qui praestitit formam, ipse fecit etiam posse formari. Ita omne quod est in quantum est, et omne quod nondum est in quantum esse potest, ex deo habet. **98.** Quod alio modo sic dicitur: omne formatum in quantum formatum est, et omne quod nondum formatum est in quantum formari potest, ex deo

---

5 conservat] ea servat *C* 6 quantulumcumque *R* 7 summum *L* 8 species *MLXCF* 11 ex deo est *RA* 12 sane autem R^2 *A* 13 potest] potest dicitur si habet aliquid formae *MF* 14 etiam *om.* R^1 *A* 15 igitur] ergo *edd.* 17 illum *N* 20 de *om.* *L* 21 omnino de *LFT edd.* 23 posset *N* est] et *ci. Bulhart* 25 qui] quam *L*

habet. Nulla autem res obtinet integritatem naturae suae, nisi in suo genere salva sit. Ab eo est autem omnis salus, a quo est omne bonum; et omne bonum ex deo; salus igitur omnis ex deo.

99. Hinc iam cui oculi mentis patent nec pernicioso studio XIX. 37.
vanae victoriae caligant atque turbantur, facile intellegit omnia quae vitiantur et moriuntur bona esse, quamquam ipsum vitium et ipsa mors malum sit. Nisi enim salute aliqua privarentur, non eis noceret vitium vel mors; sed si non noceret vitium, nullo modo esset vitium. Si ergo saluti adversatur vitium et nullo dubitante salus bonum est, bona sunt omnia quibus adversatur vitium. Quibus autem adversatur vitium, ipsa vitiantur. **100.** Bona sunt ergo quae vitiantur, sed ideo vitiantur quia non summa bona sunt. Quia igitur bona sunt, ex deo sunt; quia non summa bona sunt, non sunt deus. Bonum ergo quod vitiari non potest deus est. Cetera omnia bona ex ipso sunt, quae per se ipsa possunt vitiari, quia per se ipsa nihil sunt; per ipsum autem partim non vitiantur, partim vitiata sanantur.

101. Est autem vitium primum animae rationalis volun- XX. 38.
tas ea faciendi quae vetat summa et intima veritas. Ita homo de paradiso in hoc saeculum expulsus est, id est ab aeternis ad temporalia, a copiosis ad egena, a firmitate ad infirma; non ergo a bono substantiali ad malum substantiale, quia nulla substantia malum est, sed a bono aeterno ad bonum temporale, a bono spirituali ad bonum carnale, a bono intellegibili ad bonum sensibile, a bono summo ad bonum infimum. **102.** Est igitur quoddam bonum, quod si diligat anima rationalis, peccat, quia infra illam ordinatum est. Quare ipsum peccatum malum est, non ea substantia quae peccando

2 autem est *X edd.* 3 et] est *N*, at *m* igitur est *RA* 6 perturbantur *AC* 8 sit *om. N* 10 vitium *prius*] vitium vel mors *RAT* 11–12 omnia sunt *edd.* 14 quia *prius*] quoniam *A* summe *A* 16 cetera autem *edd.* 20 primum vitium *AC* 27–28 infirmum *N A*^{1} 28 diligit *MLXF*

diligitur. Non ergo arbor illa malum est, quae in medio paradiso plantata scribitur, sed divini praecepti transgressio. **103.** Quae cum consequentem habet iustam damnationem, contigit ex illa arbore quae contra vetitum tacta est dinoscentia boni et mali, quia, cum suo peccato anima fuerit implicata, luendo poenas discit quid intersit inter praeceptum quod custodire noluit et peccatum quod fecit. Atque hoc modo malum, quod cavendo non didicit, discit sentiendo; et bonum quod obtemperando minus diligebat, ardentius diligit com-
39. parando. **104.** Vitium ergo animae est quod fecit, et difficultas ex vitio poena quam patitur; et hoc est totum malum. Facere autem et pati non est substantia, quapropter substantia non est malum. Sic enim nec aqua malum est nec animal quod vivit in aere, nam istae substantiae sunt; sed malum est voluntaria praecipitatio in aquam et suffocatio quam mersus patitur. Stilus ferreus alia parte qua scribamus alia qua deleamus affabre factus est et in suo genere pulcher et ad usum nostrum adcommodatus. **105.** At si quispiam ea parte scribere qua deletur, et ea velit delere qua scribitur, nullo modo stilum malum fecerit, cum ipsum factum iure vituperetur. Quod si corrigat, ubi erit malum? Si quis repente meridianum solem intueatur, repercussi oculi turbabuntur. Num ideo aut sol malum erit aut oculi? Nullo modo, sunt enim substantiae; sed malum est inordinatus aspectus et ipsa quae consequitur perturbatio. Quod malum non erit cum oculi fuerint recreati et lucem suam congruenter aspexerint. **106.** Neque cum eadem lux quae ad oculos pertinet, pro luce sapientiae quae ad mentem pertinet, colitur, ipsa fit malum, sed superstitio malum est, qua creaturae potius quam

---

29 *cf.* Rom. 1, 25

---

2 paradyso *N X T*, paradisi *L R F*, paradysi *A* 3 cum *om.* C^1 *T*, cumque *L* haberet *X* 4 contingit *R A C*, continget *N* 4–5 dignoscentia A^2 *pem* 9 in temperando *M X*, in obtemperando *F*, non obtemperando *edd.*; *sed cf. De Genesi ad litt. 11, 5, 7* 11 poena est R^2 *A edd.* 12 quapropter substantia *om. M F* 17 a fabro factus *L X T bpae*, aliter fabricatus *A* 19 et ex ea *N* 28 mentes *R*

creatori servitur. Quod malum omnino nullum erit cum anima recognito creatore ipsi uni se subiecerit et cetera per eum subiecta sibi esse persenserit. **107.** Ita omnis corporea 40. creatura, si tantummodo possideatur ab anima quae diliget deum, bonum est infimum et in suo genere pulchrum, quoniam forma et specie continetur. Si autem diligatur ab anima quae negligit deum, ne sic quidem malum fit ipsa, sed quoniam peccatum malum est quo ita diligitur, fit poenalis dilectori suo et eum implicat aerumnis et pascit fallacibus voluptatibus, quia neque permanent neque satiant et torquent doloribus, **108.** quia cum ordinem suum peragit pulchra mutabilitas temporum, deserit amantem species concupita et per cruciatum sentientis discedit a sensibus et erroribus agitat, ut hanc esse primam speciem putet, quae omnium infima est, naturae scilicet corporeae, quam per lubricos sensus caro male dilecta nuntiaverit, ut cum aliquid cogitat, intellegere se credat, umbris inlusus phantasmatum. **109.** Si quando autem non tenens integram divinae providentiae disciplinam, sed tenere se arbitrans carni resistere conatur, usque ad visibilium rerum imagines pervenit et lucis huius, quam certis terminis circumscriptam videt, immensa spatia cogitatione format inaniter. Et hanc spem sibi futurae habitationis pollicetur, nesciens oculorum concupiscentiam se trahere et cum hoc mundo ire velle extra mundum; quem propterea ipsum esse non putat, quia eius clariorem partem per infinitum falsa cogitatione distendit. **110.** Quod non solum de hac luce, sed etiam de aqua, postremo de vino, de melle, de auro, de argento, de ipsis denique pulpis vel sanguine vel ossibus quorumlibet animalium et ceteris huiuscemodi rebus facillime fieri potest. Nihil enim est corporis quod non vel unum visum possit in-

---

6 ne] nec *LXRAF* 8 aerumnis implicat *RA* 9 et] sed *X edd.* 10 cum] per *MLF*[1] 13—14 natura scilicet corporea *MXF bpae* 14 maledicta *MLXRAFT*, male ducta A^2*C*, male delectata *m* 15 cogitaverit *ACT* 21 spem] speciem *RT edd.* 23 non esse *A* 25 diffundit *X* 28 huiusmodi *T*[1] *edd.*

numerabiliter cogitari vel in parvo spatio visum possit eadem imaginandi facultate per infinita diffundi. Sed facillimum est execrari carnem, difficillimum autem non carnaliter sapere.

XXI. 41. **111.** Hac ergo perversitate animae, quae contigit peccato atque supplicio, fit omnis natura corporea illud quod per Salomonem dicitur: *Vanitas vanitantium et omnia vanitas. Quae habundantia homini in omni labore eius, quae ipse laborat sub sole?* Neque enim frustra est additum 'vanitantium', quia si vanitantes detrahas, qui tamquam prima sectantur extrema, non erit corpus vanitas, sed in suo genere quamvis extremam pulchritudinem sine ullo errore monstrabit. **112.** Temporalium enim specierum multiformitas ab unitate dei hominem lapsum per carnales sensus diverberavit et mutabili varietate multiplicavit eius affectum. Ita facta est abundantia laboriosa et, si dici potest, copiosa egestas, dum aliud et aliud sequitur et nihil cum eo permanet. Sic a tempore frumenti, vini et olei sui multiplicatus est, ut non inveniat id ipsum, id est naturam incommutabilem et singularem, quam secutus non erret et adsecutus non doleat. Habebit enim etiam consequentem redemptionem corporis sui, quod iam non corrumpetur. **113.** Nunc vero corpus *quod corrumpitur adgravat animam, et deprimit terrena inhabitatio sensum multa cogitantem*, quia rapitur in ordinem successionis extrema corporum pulchritudo. Nam ideo extrema est, quia simul non potest habere omnia; sed dum alia cedunt atque succedunt, temporalium formarum numerum in unam pulchritudinem complent.

XXII. 42. **114.** Et hoc totum non propterea malum quia transit. Sic enim et versus in suo genere pulcher est, quamvis duae syllabae simul dici nullo modo possint; nec enim secunda

6—8 *Eccle. 1, 2—3 16—18 *cf.* Ps. 4, 8—9 20 *cf.* Rom. 8, 23 21—23 Sap. 9, 15

4 contigit *N M X*, contingit *cett.* 7 abundantia *B A F T edd.*, abundantia est *R A* 7 quae] quo *X A C T Vulg.* 15 laboriosa abundantia *R A* 25 omnia habere *R*

enuntiatur, nisi prima transierit; atque ita per ordinem pervenitur ad finem, ut cum sola ultima sonat, non secum sonantibus superioribus, formam tamen et decus metri cum praeteritis contexta perficiat. **115.** Nec ideo tamen ars ipsa, qua versus fabricatur, sic tempori obnoxia est, ut pulchritudo eius per mensuras morarum digeratur, sed simul habet omnia, quibus efficit versum non simul habentem omnia, sed posterioribus priora tollentem, propterea tamen pulchrum, quia extrema vestigia illius pulchritudinis ostentat quam constanter atque incommutabiliter ars ipsa custodit. 43. **116.** Itaque, ut nonnulli perversi magis amant versum quam ipsam artem qua conficitur versus, quia plus se auribus quam intellegentiae dediderunt, ita multi temporalia diligunt, conditricem vero ac moderatricem temporum divinam providentiam non requirunt. Atque in ipsa dilectione temporalium nolunt transire quod amant, et tam sunt absurdi quam si quisquam in recitatione praeclari carminis unam aliquam syllabam solam perpetuo vellet audire. **117.** Sed tales auditores carminum non inveniuntur, talibus autem rerum existimatoribus plena sunt omnia, propterea quia nemo est qui non facile non modo totum versum sed etiam totum carmen possit audire, totum autem ordinem saeculorum sentire nullus hominum potest. Huc accedit quod carminis non sumus partes, saeculorum vero partes damnatione facti sumus. Illud ergo canitur sub iudicio nostro, ista peraguntur de labore nostro. **118.** Nulli autem victo ludi agonistici placent, sed tamen cum eius dedecore decori sunt; et haec enim quaedam imitatio veritatis est. Nec ob aliud a talibus prohibemur spectaculis, nisi ne umbris rerum decepti ab ipsis rebus quarum illae umbrae sunt aberremus. Ita universitatis huius conditio atque administratio solis impiis animis damnatisque non

3 metricum cum *m* 4 conexa A^{mg} *C T* 7 efficimus *F* 9 illius vestigia *A*, vestigia eius *T* ostendat *M L X* R^1, ostendit *F* 12 artem ipsam *edd.* 13 dederunt *B R* A^1 *T* 16 quasi *L*, quam est si *A* 19—20 aestimatoribus *edd.* 30 umbrae illae *A R*

placet; sed etiam cum miseria earum multis vel in terra victricibus vel in caelo sine periculo spectantibus placet. Nihil enim iustum displicet iusto.

XXIII. 44. **119.** Quocirca, cum omnis anima rationalis aut peccatis suis misera sit aut recte factis beata, omnis autem inrationalis aut cedat potentiori aut pareat meliori aut comparetur aequali aut certantem exerceat aut damnato noceat et omne corpus suae animae serviat quantum pro eius meritis et pro rerum ordine sinitur, nullum malum est naturae universae, sed sua cuique culpa fit malum. **120.** Porro cum anima per dei gratiam regenerata et in integrum restituta et illi subdita uni a quo creata est, instaurato etiam corpore in pristinam firmitatem non cum mundo possideri sed mundum possidere coeperit, nullum ei malum erit, quia ista infima pulchritudo temporalium vicissitudinum, quae cum ipsa peragebatur, sub ipsa peragetur, et erit, ut scriptum est, caelum novum et terra nova, non in parte laborantibus animis, sed in universitate regnantibus. *Omnia enim vestra*, inquit apostolus, *vos autem Christi, Christus autem dei*; et *Caput mulieris vir, caput viri Christus, caput autem Christi deus.* **121.** Quoniam igitur animae vitium non natura eius, sed contra naturam eius est, nihilque aliud est quam peccatum et poena peccati, inde intellegitur nullam naturam vel, si melius ita dicitur, nullam substantiam sive essentiam malum esse; neque de peccatis poenisque animae efficitur ut universitas ulla deformitate turpetur, quia rationalis substantia quae ab omni peccato munda est, deo subiecta subiectis sibi ceteris dominatur, ea vero quae peccavit ibi ordinata est ubi esse tales decet, ut deo conditore atque rectore universitatis decora sint omnia. Et est pulchritudo universae creaturae per haec tria inculpa-

16 *cf.* Apoc. 21, 1 18—19 I Cor. 3, 22—23 19—20 *cf.* I Cor. 11, 3

1 eorum *L*[1] *R*[1] *F*[2] *T* 12 est creata *R edd.* 13 possideri] possidere *M*[1] *X F* 14 malum ei *R A* 18 vestra enim *R A* 21 vitium animae *R A edd.* 22 inde *R*[2] *A C T*, unde *cett.*, *edd.* 25 poenisque eius *M L X A C F*

bilis: damnatione peccatorum, exercitatione iustorum, perfectione beatorum.

122. Quam ob rem ipsa quoque animae medicina, quae XXIV. 45.
divina providentia et ineffabili beneficentia geritur, gradatim distincteque pulcherrima est. Tribuitur enim in auctoritatem atque rationem: auctoritas fidem flagitat et rationi praeparat hominem, ratio ad intellectum cognitionemque perducit. Quamquam neque auctoritatem ratio penitus deserit, cum consideratur cui credendum sit; et certe summa est ipsius iam cognitae atque perspicuae veritatis auctoritas. **123.** Sed quia in temporalia devenimus et eorum amore ab aeternis impedimur, quaedam temporalis medicina, quae non scientes, sed credentes ad salutem vocat, non naturae et excellentiae, sed ipsius temporis ordine prior est. Nam in quem locum quisque ceciderit ibi debet incumbere ut surgat. **124.** Ergo ipsis carnalibus formis quibus detinemur nitendum est ad eas cognoscendas quas caro non nuntiat; eas enim carnales voco quae per carnem sentiri queunt, id est per oculos, per aures ceterosque corporis sensus. His ergo carnalibus vel corporalibus formis inhaerere amore pueros necesse est; adulescentes vero prope necesse est; hinc iam procedente aetate non est necesse.

125. Quoniam igitur divina providentia non solum singulis XXV. 46.
hominibus quasi privatim, sed universo generi humano tamquam publice consulit, quid cum singulis agatur deus qui agit atque ipsi cum quibus agitur sciunt. Quid autem agatur cum genere humano per historiam commendari voluit et per prophetiam. Temporalium autem rerum fides sive praeteritarum sive futurarum magis credendo quam intellegendo valet. **126.** Sed nostrum est considerare quibus vel hominibus vel ilbris credendum sit ad colendum recte deum, quae una salus est. Huius rei prima disceptatio est, utrum his potius credamus qui ad multos deos, an his qui ad unum deum colen-

---

1 damnationem ... exercitationem ... perfectionem *R A C* 5 distribuitur *F edd.* 9 sit credendum *edd.* 13 naturae excellentia *B X* R^2 *T* 18 querunt *N* 24 deus scit *A* 30 deum recte *A* 32 deum *om. A*

dum nos vocant. Quis dubitet eos potissimum sequendos qui ad unum vocant, praesertim cum illi multorum cultores de hoc uno domino cunctorum et rectore consentiant? Et certe ab uno incipit numerus. **127.** Prius ergo isti sequendi sunt qui unum deum summum, solum verum deum et solum colendum esse dicunt. Si apud hos veritas non eluxerit, tum demum migrandum est. Sicut enim in ipsa rerum natura maior est auctoritas unius ad unum omnia redigentis nec in genere humano multitudinis ulla potentia est nisi consentientis, id est unum sentientis, ita in religione qui ad unum vocant, eorum maior et fide dignior esse debet auctoritas.

47. **128.** Altera consideratio est dissensionis eius quae de unius dei cultu inter homines orta est. Sed accepimus maiores nostros eo gradu quo a temporalibus ad aeterna conscenditur visibilia miracula — non enim aliter poterant — secutos esse; per quos id actum est, ut necessaria non essent posteris. Cum enim ecclesia catholica per totum orbem diffusa atque fundata sit, nec miracula illa in nostra tempora durare permissa sunt, ne anima semper visibilia quaereret et eorum consuetudine frigesceret genus humanum quorum novitate flagravit; nec iam nobis dubium esse oportet his esse credendum qui, cum ea praedicent quae pauci adsecuntur, se tamen sequendos populis persuadere potuerunt. **129.** Nunc enim agitur quibus credendum sit, antequam quisque sit idoneus ineundae rationi de divinis et invisibilibus rebus. Nam ipsi rationi purgatioris animae, quae ad perspicuam veritatem pervenit, nullo modo auctoritas humana praeponitur. Sed ad hanc nulla superbia perducit. Quae si non esset, non essent heretici neque schismatici nec carne circumcisi nec creaturae simulacrorumque cultores. Hi autem si non essent

4—7 *cf.* Retract. 1, 12, 8 18—21 *cf.* Retract. 1, 12, 9

4 numerus incipit *L A* 6 tunc *C Rectract.* 8 redigentis omnia *L* 11 debet esse *L* 14 gradu fidei *m* 19 animus *M L X F T edd.* 21 flagrabat *R A* 22 praedicarent *m*

ante perfectionem populi quae promittitur, multo pigrius veritas quaereretur.

130. Dispensatio ergo temporalis et medicina divinae pro- XXVI. 48.
videntiae erga eos qui peccato mortalitatem meruerunt, sic traditur. Primo unius hominis cuiuslibet nascentis natura et eruditio cogitatur. Prima huius infantia in nutrimentis corporalibus agitur, penitus obliviscenda crescenti. Eam pueritia sequitur, unde incipimus aliquid meminisse. Huic succedit adulescentia, cui iam propagationem prolis natura permittit et patrem facit. **131.** Porro adulescentiam iuventus excipit, iam exercenda muneribus publicis et domanda sub legibus. In qua vehementior prohibitio peccatorum et poena peccantium serviliter coercens carnalibus animis atrociores impetus libidinis gignit et omnia commissa congeminat. Non enim simplex peccatum est, non solum malum sed etiam vetitum admittere. Post labores autem iuventutis seniori pax nonnulla conceditur. Inde usque ad mortem deterior aetas ac decolor et morbis subiectior debilisque perducit. **132.** Haec est vita hominis viventis ex corpore et cupiditatibus rerum temporalium colligati. Hic dicitur vetus homo et exterior et terrenus, etiamsi obtineat eam quam vulgus vocat felicitatem, in bene constituta terrena civitate sive sub regibus sive sub principibus sive sub legibus sive sub his omnibus. Aliter enim bene constitui populus non potest, etiam qui terrena sectatur; habet quippe et ipse modum quendam pulchritudinis suae.

133. Hunc autem hominem, quem veterem et exteriorem 49.
et terrenum descripsimus, sive in suo genere moderatum sive etiam servilis iustitiae modum excedentem nonnulli totum agunt ab istius vitae ortu usque ad occasum. Nonnulli autem vitam istam necessario ab illo incipiunt, sed renascuntur in-

20 *cf.* Rom 6, 6

4 eos] illos *edd.* 6 huius aetas *edd.* 10 fecit $M^1 F^1$ 17 accedit ac *N* 19—20 temporalium] corporalium $L A^1 T$ 20 *pr.* et *om.* *M F* 27 describsimus *N*, describimus *M L F* 28—29 agunt totum *edd.* 30 istam vitam *edd.*

terius et ceteras partes suo robore spiritali et incrementis sapientiae corrumpunt et necant et in caelestes leges, donec post visibilem mortem totum instauretur, adstringunt. **134.** Iste dicitur novus homo et interior et caelestis, habens et ipse proportione non annis sed provectibus distinctas quasdam spiritales aetates suas: primam in uberibus utilis historiae, quae nutrit exemplis, secundam iam obliviscentem humana et ad divina tendentem, in qua non auctoritatis humanae continetur sinu, sed ad summam et incommutabilem legem passibus rationis innititur, tertiam iam fidentiorem et carnalem appetitum rationis robore maritantem gaudentemque intrinsecus in quadam dulcedine coniugali, cum anima menti copulatur et velamento pudoris obnubitur, ut iam recte vivere non cogatur, sed etiamsi omnes concedant, peccare non libeat, **135.** quartam iam id ipsum multo firmius ordinatiusque facientem et emicantem in virum perfectum atque aptam et idoneam omnibus et persecutionibus et mundi huius tempestatibus ac fluctibus sustinendis atque frangendis, quintam pacatam atque omni ex parte tranquillam, viventem in opibus et abundantia incommutabilis regni summae atque ineffabilis sapientiae, sextam omnimodae mutationis in aeternam vitam et usque ad totam oblivionem vitae temporalis transeuntem, perfecta forma quae facta est ad imaginem et similitudinem dei. Septima enim iam quies aeterna est et nullis aetatibus distinguenda beatitudo perpetua. Ut enim finis veteris hominis mors est, sic finis novi hominis vita aeterna. Ille namque homo peccati est, iste iustitiae.

XXVII. 50. **136.** Sicut autem isti ambo nullo dubitante ita sunt ut unum eorum, id est veterem atque terrenum, possit in hac tota vita unus homo agere, novum vero et caelestem nemo in hac vita possit nisi cum vetere — nam et ab ipso incipiat necesse est et usque ad visibilem mortem cum illo, quamvis

---

16–17 aptum et idoneum *RA* 19 ex omni parte *RA edd.* 23 in perfectam formam *MF edd.* 24 requies *C* 27 aeterna est *RA* 31 nam ut *X* eo deficiente se proficiente, perduret —, sic proportione universum genus humanum, cuius tamquam unius hominis vita est ab Adam usque ad finem huius saeculi, ita sub divinae providentiae legibus administratur ut in duo genera distributum appareat. **137.** Quorum in uno est turba impiorum, terreni hominis imaginem ab initio saeculi usque ad finem gerentium, in altero series populi uni deo dediti, sed ab Adam usque ad Iohannem Baptistam terreni hominis vitam gerens servili quadam iustitia. Cuius historia Vetus Testamentum vocatur, quasi terrenum pollicens regnum. Quae tota nihil est aliud quam imago novi populi et Novi Testamenti pollicentis regnum caelorum. **138.** Cuius populi vita interim temporalis incipit a domini adventu in humilitate usque ad diem iudicii, quando in claritate venturus est. Post quod iudicium vetere homine extincto erit illa mutatio quae angelicam vitam pollicetur: *Omnes* enim *resurgemus, sed non omnes immutabimur.* **139.** Resurget ergo pius populus, ut veteris hominis sui reliquias transformet in novum, resurget autem impius populus, qui ab initio ad finem veterem hominem gessit, ut in secundam mortem praecipitetur. Aetatum autem articulos qui diligenter legunt inveniunt, nec zizania nec paleas perhorrescunt. Impius namque pio vivit et peccator iusto, ut eorum conparatione alacrius donec perficiantur adsurgant.

140. Quisquis autem populi terreni temporibus usque ad XXVIII.
inluminationem interioris hominis meruit pervenire, genus 51.
humanum pro tempore adiuvit, exhibens ei quod aetas illa poscebat, et per prophetiam intimans id quod exhibere opportunum non erat. Quales patriarchae ac prophetae inveniuntur ab eis qui non pueriliter insiliunt, sed pie diligenterque pertractant divinarum et humanarum rerum tam bonum et

16–17 I Cor. 15, 52

1 se proficiente *om.* *M F T* perduceret $M L^1 X$ sic] ita $N B R A^1$ 8 gerentis $R^2 A^1$ *edd.* 11 aliud est *m* 17 ergo *om.* *M L X F* 19 usque ad *B X F T* *edd.* 23 perficiatur adsurgat *M L F* *bam*

tam grande secretum. **141.** Quod etiam temporibus novi populi a magnis et spiritalibus viris ecclesiae catholicae alumnis video cautissime provideri, ne quid populariter agant, quod nondum esse temporis ut cum populo agatur intellegunt: alimenta lactea large avidis pluribus atque instanter infundunt, validioribus autem cibis cum sapientibus paucis vescuntur. Sapientiam enim locuntur inter perfectos, carnalibus vero et animalibus et quamvis novis hominibus, adhuc tamen parvulis nonnulla obtegunt, sed nulla mentiuntur. Non enim vanis honoribus suis consulunt et inanibus laudibus, sed utilitati eorum cum quibus societatem vitae huius inire meruerunt. **142.** Haec enim lex est divinae providentiae, ut nemo a superioribus adiuvetur ad cognoscendam et percipiendam gratiam dei, qui non ad eandem puro affectu inferiores adiuverit. Ita de peccato nostro, quod in homine peccatore ipsa natura nostra commisit, et genus humanum factum est magnum decus ornamentumque terrarum et tam decenter divinae providentiae procuratione administratur, ut ars ineffabilis medicinae ipsam vitiorum foeditatem in nescio quam sui generis pulchritudinem vertat.

XXIX. 52. **143.** Et quoniam de auctoritatis beneficientia quantum in praesentia satis visum est locuti sumus, videamus quatenus ratio possit progredi, a visibilibus ad invisibilia et a temporalibus ad aeterna conscendens. Non enim frustra et inaniter intueri oportet pulchritudinem caeli, ordinem siderum, candorem lucis, dierum et noctium vicissitudines, lunae menstrua curricula, anni quadrifariam temperationem quadripertitis elementis congruentem, tantam vim seminum species numerosque gignentium et omnia in suo genere modum proprium naturamque servantia. **144.** In quorum consideratione non

---

5—7 *cf.* I Cor. 3, 2; Hebr. 5, 12 *sq.* 7 *cf.* I Cor. 2, 6

---

1 secretum docere quod aetas postulat *A* 5 infirmioribus pluribus R^{2} *edd.* 8 *alt.* et *om. edd.* 10 honoribus suis vanis *L edd.* 21 beneficentia *M edd.* 22 quatinus *NRCFT*

vana et peritura curiositas exercenda est, sed gradus ad immortalia et semper manentia faciendus. Proximum est enim adtendere quae ista sit natura vitalis, quae cuncta ista sentit. Quae profecto quoniam vitam dat corpori, praestantior eo sit necesse est. Non enim qualiscumque moles, quamquam ista visibili luce praefulgeat, si vita caret, magni aestimanda est. Quaelibet namque viva substantia cuilibet non vivae substantiae naturae lege praeponitur. **145.** Sed quia inrationalia 53.
quoque animantia vivere atque sentire nemo ambigit, illud in animo humano praestantissimum est, non quo sentit sensibilia, sed quo iudicat de sensibilibus. Nam et vident acutius et ceteris corporis sensibus acrioribus corpora attingunt pleraeque bestiae quam homines. Sed iudicare de corporibus non sentientis tantum vitae sed etiam ratiocinantis est, qua illae carent, nos excellimus. Iam vero illud videre facillimum est, praestantiorem esse iudicantem quam illa res est de qua iudicatur. **146.** Non solum autem rationalis vita de sensibilibus, sed de ipsis quoque sensibus iudicat: cur in aqua remum infractum oporteat apparere cum rectus sit, et cur ita per oculos sentiri necesse sit. Nam ipse aspectus oculorum renuntiare id potest, iudicare autem nullo modo. Quare manifestum est, ut sensualem vitam corpori, ita rationalem utrique praestare.

147. Itaque si rationalis vita secundum se ipsam iudicat, XXX. 54.
nulla iam est natura praestantior. Sed quia clarum est eam esse mutabilem, quando nunc imperita nunc perita invenitur, tanto autem melius iudicat quanto est peritior, et tanto est peritior quanto alicuius artis vel disciplinae vel sapientiae particeps est, ipsius artis natura quaerenda est. Neque nunc artem intellegi volo quae notatur experiundo, sed quae ratio-

2 enim est *RA* *edd.* 6 magna *FT* existimanda *T* 8 lege naturae *C* 8 inrationabilia *LRAT* 12 acrius *edd.* 18 sensibus quoque *A* 19 fractum RAF^2T^2 20 sit] est *L* 21 modo potest *A* 24 rationabilis RA^1 25 iam nulla *BRA* 26 nunc perita nunc imperita *edd.* 30 experiundo *NMBX*, experiendo *cett.*

cinando indagatur. **148.** Quid enim praeclarum novit qui novit ea impensa quae calce et harena confit tenacius lapides cohaerere quam luto? aut qui tam eleganter aedificat, ut quae plura sunt paria paribus respondeant, quae autem singula medium locum teneant? Quamquam iste sensus iam sit rationi veritatique vicinior. **149.** Sed certe quaerendum est cur nos offendat, si duabus fenestris non super invicem sed iuxta invicem locatis una earum maior minorve sit, cum aequales esse potuerint; si vero super invicem fuerint ambaeque de medio quamvis impares, non ita offendat illa inaequalitas; et cur non multum curemus quanto sit una earum aut maior aut minor, quia duae sunt. In tribus autem sensus ipse videtur expetere ut aut inpares non sint aut inter maximam et minimam ita sit media ut tanto praecedat minorem quanto a maiore praeceditur. Ita enim primo quasi natura ipsa consulitur quid probet. **150.** Ubi potissimum notandum est quem ad modum quod solum inspectum minus displicuerit, in melioris comparatione respuatur. Ita reperitur nihil esse aliud artem vulgarem nisi rerum expertarum placitarumque memoriam, usu quodam corporis atque operationis adiuncto. Quo si careas, iudicare de operibus possis, quod multo est excellentius, quamvis operari artificiosa non possis.
55. **151.** Sed cum in omnibus artibus convenientia placeat, qua una salva et pulchra sunt omnia, ipsa vero convenientia aequalitatem unitatemque appetat vel similitudine parium partium vel gradatione disparium, quis est qui summam aequalitatem vel similitudinem in corporibus inveniat audeatque dicere, cum diligenter consideravit, quodlibet corpus vere ac simpliciter unum esse, cum omnia vel de specie in speciem vel de loco in locum transeundo mutentur et partibus constent sua loca obtinentibus, per quae in spatia diversa dividuntur? **152.** Porro ipsa vera aequalitas ac similitudo at-

2 confit NB^1LC, conficit MB^2, conficitur *XRAFT*   7 supra *RA*   9 supra *RA*   10 dimidio *Cm*   15 a *om.* *BC*   17 in conspectum M^1, in conspectu M^2 21 quod *N*   30 in] ad *A*

que ipsa vera et prima unitas non oculis carneis neque ullo tali sensu, sed mente intellecta conspicitur. Unde enim qualiscumque in corporibus appeteretur aequalitas aut unde convinceretur longe plurimum differre a perfecta, nisi ea quae perfecta est mente videretur? si tamen quae facta non est perfecta dicenda est. **153.** Et cum omnia quae sensibiliter 56.
pulchra sunt, sive natura edita sive artibus elaborata locis et temporibus pulchra sint, ut corpus et corporis motus, illa aequalitas et unitas menti tantummodo cognita, secundum quam de corporea pulchritudine sensu internuntio iudicatur, nec loco tumida est nec instabilis tempore. Non enim recte dici potest secundum eam iudicari rotundum canthum et non secundum eam rotundum vasculum, aut secundum eam rotundum vasculum et non secundum eam rotundum denarium. **154.** Similiter in temporibus atque in motibus corporum ridicule dicitur secundum eam iudicari aequales annos et non secundum eam aequales menses, aut secundum eam aequales menses et non secundum eam aequales dies. Sed sive per haec spatia sive per horas sivè per breviora momenta convenienter moveatur aliquid, eadem una et incommutabili aequalitate iudicatur. **155.** Quod si minora et maiora spatia figurarum atque motionum secundum eandem legem paritatis vel similitudinis vel congruentiae iudicantur, ipsa lex maior est his omnibus, sed potentia, ceterum spatio aut loci aut temporis nec maior nec minor, quia si maior esset, non secundum totam iudicaremus minora; si autem minor esset, non secundum eam iudicaremus maiora. **156.** Nunc vero cum secundum totam quadraturae legem iudicetur et forum quadratum et lapis quadratus et tabella et gemma quadrata, rursus secundum totam aqualitatis legem iudicentur convenire sibi motus pedum currentis formicae et secundum

---

8 sint pulchra *A edd.* 9 equitas *T* tantum *T* 11 tempore] corpore *B* 13–14 aut secundum ... vasculum *om.* $MRACFT^1$ vasculum ... rotundum *om.* *BX* 15 et in t. *N* 17–18 aut ... menses *om.* $BXRA^1$ 25 tempore ML^1F^1 25 minor est *L*

eam gradientis elephanti, quis eam dubitet locorum intervallis ac temporum nec maiorem esse nec minorem, cum potentia superet omnia? **157.** Haec autem lex omnium artium cum sit omnino incommutabilis, mens vero humana cui talem legem videre concessum est, mutabilitatem pati possit erroris, satis apparet supra mentem nostram esse legem quae veritas dicitur.

XXXI. 57. **158.** Nec iam illud ambigendum est, incommutabilem naturam, quae supra rationalem animam sit, deum esse; et ibi esse primam vitam et primam essentiam ubi est prima sapientia. Nam haec est illa incommutabilis veritas, quae lex omnium artium recte dicitur, et ars omnipotentis artificis. Itaque cum se anima sentiat nec corporum speciem motumque iudicare secundum se ipsam, simul oportet agnoscat praestare suam naturam ei naturae de qua iudicat, praestare autem sibi eam naturam secundum quam iudicat et de qua iudicare nullo modo potest. **159.** Possum enim dicere quare similia sibi ex utraque parte respondere membra cuiusque corporis debeant: quia summa aequalitate delector, quam non oculis, sed mente contueor. Quapropter tanto meliora esse iudico quae oculis cerno quanto pro sua natura viciniora sunt his quae animo intellego. Quare autem illa ita sint nullus potest dicere; nec ita esse debere quisquam sobrie dixerit,
58. quasi possint esse non ita. **160.** Quare autem nobis placeant et cur ea, quando melius sapimus, vehementissime diligamus, ne id quidem quisquam, si ea rite intellegit, dicere audebit. Ut enim nos et omnes animae rationales secundum veritatem de inferioribus recte iudicamus, sic de nobis quando eidem cohaeremus sola ipsa veritas iudicat; de ipsa vero nec pater, non enim minus est quam ipse, et ideo quae pater iudicat per ipsam iudicat. **161.** Omnia enim quae appetunt unitatem

---

3 autem enim *R* 6 legem esse *A* 20 oculis corporis *RA edd.* mentis *RA edd.* intueor *R* 23 debere esse *edd.* dixerit sobrie *R* 24 possit *N* non esse *T* nobis autem *A* 25 quanto *RA* 26 rite ea *A* 30 minor *M*[2] *edd.* 31 unitatem appetunt *A*

hanc habent regulam vel formam vel exemplum vel si quo alio verbo dici sinit, quoniam sola eius similitudinem a quo esse accepit implevit — si tamen 'accepit' non incongrue dicitur pro ea significatione qua 'filius' appellatur, quia non de se ipso est, sed de primo summoque principio qui 'pater' dicitur, *ex quo omnis paternitas in caelo et in terra nominatur. Pater* ergo *non iudicat quemquam, sed omne iudicium dedit filio.* Et *spiritalis homo iudicat omnia, ipse autem a nemine iudicatur*, id est nullo homine, sed a sola ipsa lege secundum quam iudicat omnia. **162.** Quoniam et illud verissime dictum est: *Oportet nos omnes exhiberi ante tribunal Christi.* Omnia ergo iudicat, quia super omnia est quando cum deo est. Cum illo est autem quando purissime intellegit et tota caritate quod intellegit diligit. Ita etiam, quantum potest, lex ipsa etiam ipse fit, secundum quam iudicat omnia et de qua iudicare nullus potest, sicut in istis temporalibus legibus, quamquam de his homines iudicent cum eas instituunt, tamen cum fuerint institutae atque firmatae, non licebit iudici de ipsis iudicare, sed secundum ipsas. **163.** Conditor tamen legum temporalium, si vir bonus est et sapiens, illam ipsam consulit aeternam de qua nulli animae iudicare datum est, ut secundum eius incommutabiles regulas quid sit pro tempore iubendum vetandumque discernat. Aeternam igitur legem mundis animis fas est cognoscere, iudicare non fas est. **164.** Hoc autem interest, quod ad cognoscendum satis est ut videamus ita esse aliquid vel non ita, ad iudicandum vero addimus aliquid quo significemus posse esse et aliter, velut cum dicimus 'ita esse debet' aut 'ita esse debuit' aut 'ita esse debebit', ut in suis operibus artifices faciunt.

6 Eph. 3, 15 7–8 *Ioh. 5, 22 8–9 *I Cor. 2, 15 11 II Cor. 5, 10

2 solam L^1 *F* 2–3 a quo esse] ut esset *N* 3 *pr.* accepit] cepit R^1 *A* implevit *om. N* 13 autem est *edd.* 15 fit ipse *RA* 18 formatae *N* T^1 21 iudicare nulli animae *L* ut] at *M*, ac *F* 24 non fas] nefas *R* 26 aliquod *MF*, aliud *A* non ita esse *T* 27 quod *MBF* significamus *X* A^1 et aliter] taliter *N*, aliter *T* 28 aut ita esse debuit *om. N* *alt.* esse *om. MLXF*

XXXII. 59. **165.** Sed multis finis est humana delectatio nec volunt tendere ad superiora, ut iudicent cur ista visibilia placeant. Itaque si quaeram ab artifice, uno arcu constructo cur alterum parem contra in altera parte moliatur, respondebit, credo, ut paria paribus aedificii membra respondeant. Porro si pergam quaerere id ipsum cur eligat, dicet hoc decere, hoc esse pulchrum, hoc delectare cernentes; nihil audebit amplius. Inclinatus enim recumbit oculis et unde pendeat non intellegit. **166.** At ego virum intrinsecus oculatum et invisibiliter videntem non desinam commonere cur ista placeant, ut iudex esse audeat ipsius delectationis humanae. Ita enim superfertur illi nec ab ea tenetur, dum non secundum ipsam sed ipsam iudicat. Et prius quaeram utrum ideo pulchra sint quia delectant, an ideo delectent quia pulchra sunt. **167.** Hic mihi sine dubitatione respondebitur ideo delectare quia pulchra sunt. Quaeram ergo deinceps quare sint pulchra. Et si titubabitur, subiciam utrum ideo quia similes sibi partes sunt et aliqua copulatione ad unam convenientiam rediguntur.

60. **168.** Quod cum ita esse compererit, interrogabo utrum hanc ipsam unitatem, quam convincuntur appetere, summe impleant an longe infra iaceant et eam quodammodo mentiantur. Quod si ita est — nam quis non admonitus videat neque ullam speciem neque ullum omnino esse corpus quod non habeat unitatis qualecumque vestigium, neque quantumvis pulcherrimum corpus, cum intervallis locorum necessario aliud alibi habeat, posse assequi eam quam sequitur unitatem? — quare si hoc ita est, flagitabo ut respondeat ubi videat ipse unitatem hanc aut unde videat. **169.** Quam si non videret, unde cognosceret, et quid imitaretur corporum species et quid implere non posset? Nunc vero cum dicit corporibus: 'Vos quidem nisi aliqua unitas contineret, nihil essetis, sed rursus si vos essetis ipsa unitas, corpora non essetis', recte illi dici-

1 multiformis *X a e* 3 instructo *N* 5 respondeant membra *A* 8 inclinatis *X* A^2 *C* F^2 9 ergo *X C* 12 ei *T* 14 delectant ideo *A* 15 respondebit *R A* 23 corpus esse *R A* 24 quamvis R^1 A^1 27 quare] quoniam *N*

tur: 'Unde istam nosti unitatem secundum quam iudicas corpora, quam nisi videres, iudicare non posses quod eam non impleant? Si autem his corporeis oculis eam videres, non vere diceres quamquam eius vestigio teneantur longe tamen ab ea distare. Nam istis oculis non nisi corporalia vides; mente igitur eam videmus. **170.** Sed ubi videmus? Si hoc loco esset ubi corpus nostrum est, non eam videret qui hoc modo in oriente de corporibus iudicat. Non ergo ista continetur loco, et cum adest ubicumque iudicanti, nusquam est per spatia locorum et per potentiam nusquam non est.

171. Quod si eam corpora mentiuntur, non est creden- XXXIII. 61.
dum mentientibus, ne incidamus in vanitates vanitantium; sed quaerendum potius — cum ideo mentiantur quia eam videntur ostendere oculis carneis, cum illa mente pura videatur —, utrum in tantum mentiantur in quantum ei similia sunt, an in quantum eam non adsequuntur. **172.** Nam si adsequerentur, quod imitantur implerent, si autem implerent, omnimodo essent similia, si omnimodo essent similia, nihil inter illam naturam et istam interesset; quod si ita esset, non eam mentirentur; id enim essent quod illa est. Nec mentiuntur tamen diligentius considerantibus, quia ille mentitur qui vult videri quod non est; quod autem non volens aliud putatur quam est, non mentitur, sed fallit tamen. **173.** Nam ita discernitur mentiens a fallente, quod inest omni mentienti voluntas fallendi, etiam si non ei credatur; fallens autem esse non potest qui non fallit. Ergo corporea species, quia nullam voluntatem habet, non mentitur. Si vero etiam non putetur esse quod non est, nec fallit. **174.** Sed ne ipsi quidem oculi 62.
fallunt. Non enim renuntiare animo possunt nisi affectionem

12 *cf.* Eccle. 1, 2

1 illam *edd.* 5 oculis corporeis *R edd.* 13 potius est *edd.* qui MR^1F^1T 18 omnino *R edd.* omnino *B edd.* 20–21 tamen mentiuntur *edd.* 22 videri id *edd.* qui autem *X ae* 23 fallit tantum R^1 *edd.* 29 possunt animo *MLXCF edd.*

suam. Quod si non solum ipsi, sed omnes corporis sensus ita nuntiant ut afficiuntur, quid ab eis amplius exigere debeamus ignoro. Tolle itaque vanitantes, et nulla erit vanitas. Si quis remum in aqua frangi opinatur et cum inde aufertur integrari, non malum habet internuntium, sed malus est iudex. **175.** Nam ille pro sua natura non potuit aliter in aqua sentire nec aliter debuit. Si enim aliud est aer aliud aqua, iustum est ut aliter in aere aliter in aqua sentiatur. Quare oculus recte, ad hoc enim factus est ut tantum valeat; sed animus perverse, cui ad contemplandam summam pulchritudinem mens, non oculus factus est. Ille autem vult mentem convertere ad corpora, oculos ad deum. Quaerit enim intellegere carnalia et videre spiritalia, quod fieri non potest.

XXXIV. **176.** Quare ista perversitas corrigenda est, quia nisi fece-
63. rit quod sursum est deorsum et quod deorsum est sursum, regno caelorum aptus non erit. Non ergo summa quaeramus in infimis nec ipsis infimis invideamus. Iudicemus ea, ne cum ipsis iudicemur; id est tantum eis tribuamus quantum species meretur extrema, ne cum in novissimis prima quaerimus, a primis inter novissima numeremur. Quod nihil ipsis novissimis obest, sed nobis plurimum. **177.** Nec ideo divinae providentiae administratio minus decora fit, quia et iniusti iuste et foedi pulchre ordinantur. Et si propterea nos fallit rerum visibilium pulchritudo quia unitate continetur et non implet unitatem, intellegamus, si possumus, non ex eo quod est nos falli, sed ex eo quod non est. **178.** Omne quippe corpus verum corpus est, sed falsa unitas. Non enim summe unum est aut in tantum id imitatur ut impleat; et tamen nec corpus ipsum esset nisi utcumque unum esset. Porro utcumque unum esse non posset, nisi ab eo quod summe unum est id haberet.
64. **179.** O animae pervicaces, date mihi qui videat sine ulla

---

1 sed etiam *m* 2 renuntiant *em* 4 frangi in aqua *L edd.* 8 recte videt *RAbae* 9 valeat] videat *edd.* perverse *M* F^{1} L^{1}, perverse iudicat *A bae* 17 invideamus *codd.*, inhaereamus *edd.* 26 falli nos *A*, falli (*om.* nos) *C* 28 nec] ne *MF*

imaginatione visorum carnalium. Date mihi qui videat omnis unius principium non esse, nisi unum solum a quo sit omne unum, sive id impleat sive non impleat. Qui videat date, non qui litiget, non qui videri velit se videre quod non videt. Date qui resistat sensibus carnis et plagis quibus per illos in anima vapulavit, qui resistat consuetudini hominum, resistat laudibus hominum, qui compungatur in cubili suo, qui resculpat spiritum suum, qui non foris diligat vanitates et quaerat mendacia, qui iam sibi noverit dicere: **180.** 'Si una Roma est quam circa Tiberim nescio quis Romulus dicitur condidisse, falsa est ista quam cogitans fingo; non enim est ipsa, nec ibi sum animo, nam quid ibi agatur modo utique scirem. Si unus est sol, falsus est iste quem cogitans fingo, nam ille curricula sua certis locis et temporibus peragit, istum ego ubi volo et quando volo constituo. Si unus est ille amicus meus, falsus est iste quem cogitans fingo, nam ille ubi sit nescio, iste ibi fingitur ubi volo. Ego ipse certe unus sum et hoc loco esse sentio corpus meum; et tamen figmento cogitationis pergo quo libet, loquor cum quo libet. **181.** Falsa sunt haec, nec quisquam intellegit falsa. Non ergo intellego, cum ista contemplor et istis credo, quia verum esse oportet quod intellectu contemplor. Numquid forte ista sunt quae fantasmata dici solent? Unde ergo impleta est anima mea inlusionibus? Ubi est verum quod mente conspicitur?' Ita cogitanti iam dici potest: 'Illa lux vera est qua haec non esse vera cognoscis. Per hanc illud unum vides, quo iudicas unum esse quidquid aliud vides, nec tamen hoc esse quod illud est quidquid mutabile vides.'

182. Quod si haec intueri palpitat mentis aspectus, XXXV 65.
quiescite; nolite certare nisi cum consuetudine corporum;

7—9 *cf.* Ps. 4, 3. 5

3 id] id ad *T*, illud *edd.* id impleat sive non] ad *MF* 4 vel id *N* 8 suum spiritum *edd.* 10 est Roma *LR* 11 hic est *C* 12 animo] modo R^2C 17 certe ipse *T* 18 sum *om.* *N* 21 istis] satis R^1A 22 sunt ista *edd.* 25 iam cogitanti *A* haec omnia *RA* 26 quod NMF^1

ipsam vincite, victa erunt omnia. Unum certe quaerimus quo simplicius nihil est. Ergo in simplicitate cordis quaeramus illum. *Agite otium*, inquit, *et agnoscetis quia sum dominus* — non otium desidiae, sed otium cogitationis, ut a locis ac temporibus vacet. Haec enim phantasmata tumoris et volubilitatis constantem unitatem videre non sinunt. **183.** Loca offerunt quod amemus, tempora subripiunt quod amamus et relinquunt in anima turbas phantasmatum, quibus in aliud atque aliud cupiditas incitetur. Ita fit inquietus et aerumnosus animus, frustra tenere a quibus tenetur exoptans. Vocatur ergo ad otium, id est, ut ista non diligat quae diligi sine labore non possunt. Sic enim eis dominabitur, sic non tenebitur, sed tenebit. **184.** *Iugum meum*, inquit, *leve est.* Huic iugo qui subiectus est subiecta habet cetera. Non ergo laborabit, non enim resistit quod subiectum est. Sed miseri amici huius mundi — cuius domini erunt si filii dei esse voluerint, quoniam *dedit eis potestatem filios dei fieri* —, amici ergo huius mundi tam timent ab eius amplexu separari, ut nihil eis sit laboriosius quam non laborare.

XXXVI. 66. **185.** Sed cui saltem illud manifestum est, falsitatem esse qua id putatur esse quod non est, intellegit eam esse veritatem quae ostendit id quod est. At si corpora in tantum fallunt in quantum non implent illud unum quod convincuntur imitari — a quo principio unum est quidquid est, ad cuius similitudinem quidquid nititur naturaliter approbamus, quia naturaliter improbamus quidquid ab unitate discedit atque in eius dissimilitudinem tendit —, datur intellegi esse aliquid quod illius unius solius, a quo principio unum est

3—4 *Ps. 45, 11 13 *Matth. 11, 30 17 Ioh. 1, 12

1 et victa *edd.* 2 quod *N* in *om. X* 3—4 deus *N Vulg.* 5 ac] et *edd.*, vel *C* vacetis RA^2C phantasmatis $NMBR^1T$ 7 amamus] amemus *MLF*, *om. B* 8 animam *AT* turbam *NBRAT* 10 ea a *A* 12 *alt.* sic] si *ACT* 13 iugum enim *X Vulg.* 14 habet et *A* 17 potestatem eis *RA* 22 ac si *NT*, aut si A^1C, ut si A^2 23—24 vincuntur *ML*, videntur *F* 27 datur intellegi] detur intellegi *A*, intellegimus *X*

quidquid aliquo modo unum est, ita simile sit ut hoc omnino impleat ac sit id ipsum. **186.** Et haec est veritas et verbum in principio et verbum deus apud deum. Si enim falsitas ex his est quae imitantur unum, non in quantum id imitantur, sed in quantum implere non possunt, illa est veritas quae id implere potuit et id esse quod illud est. Ipsa est quae illud ostendit sicut est, unde et verbum eius et lux eius rectissime dicitur. **187.** Cetera illius unius similia dici possunt in quantum sunt, in tantum enim et vera sunt; haec autem ipsa eius similitudo, et ideo veritas. Ut enim veritate sunt vera quae vera sunt, ita similitudine similia sunt quaecumque similia. Ut ergo veritas forma verorum est, ita similitudo forma similium est. Quapropter quoniam vera in tantum vera sunt in quantum sunt, in tantum autem sunt in quantum principalis unius similia sunt, ea forma est omnium quae sunt quae summa similitudo principii et veritas est, quia sine ulla dissimilitudine est. **188.** Unde falsitas oritur, non rebus ipsis 67.
fallentibus, quae nihil aliud ostendunt sentienti quam speciem suam, quam pro suae pulchritudinis acceperunt gradu, neque ipsis sensibus fallentibus, qui pro natura sui corporis affecti non aliud quam suas affectiones praesidenti animo nuntiant. Sed peccata animas fallunt cum verum quaerunt relicta et neglecta veritate. **189.** Nam quoniam opera magis quam artificem atque ipsam artem dilexerunt, hoc errore puniuntur, ut in operibus artificem artemque conquirant; et cum invenire nequiverint — deus enim non corporalibus sensibus subiacet, sed ipsi menti supereminet —, ipsa opera existiment esse et artem et artificem.

190. Hinc oritur omnis impietas, non modo peccantium, XXXVII. 68.
sed etiam damnatorum pro peccatis suis. Non enim tantum

3 *cf.* Ioh. 1, 1

5 id implere] adimplere *F*, implere *B* 6 illud est] est illud *edd.* 9 autem est *A*, est autem *R F m* 11 quaecumque similia sunt *R F edd.* 13 vera quoniam *edd.* 15—16 quae est summa *edd.*

scrutari creaturam contra praeceptum dei et ea frui potius quam ipsa lege et veritate volunt — quod primi hominis peccatum deprehenditur, male utentis libero arbitrio —, sed hoc quoque in ipsa damnatione addunt, ut non modo diligant sed etiam serviant *creaturae potius quam creatori*, et eam colunt per partes eius, a summis usque ad ima venientes. **191.** Sed aliqui se in hoc tenent, ut pro summo deo animam colant et primam intellectualem creaturam quam per veritatem pater fabricatus est, ad ipsam veritatem semper intuendam et se per ipsam, quia omni modo ei simillima est. Deinde veniunt ad vitam genitalem, per quam creaturam visibilia et temporalia gignentia deus aeternus et incommutabilis operatur. Hinc ad animalia et inde ad ipsa corpora colenda delabuntur, et in his primo eligunt pulchriora, in quibus caelestia maxime excellunt. **192.** Ergo in primis solis corpus occurrit et in eo nonnulli remanent. Aliqui et lunae splendorem religione dignum putant; est enim nobis, ut perhibetur, propinquior, unde viciniorem speciem habere sentitur. Alii etiam ceterorum siderum corpora adiungunt et totum caelum cum stellis suis. Alii caelo aethereo copulant aerem et istis duobus superioribus elementis corporeis subiciunt animas suas. **193.** Sed inter hos illi sibi videntur religiosissimi qui universam simul creaturam, id est mundum totum cum omnibus quae in eo sunt, et vitam qua spiratur et animatur — quam quidam corpoream, quidam incorpoream esse crediderunt —, hoc ergo totum simul unum deum magnum esse arbitrantur, cuius partes sint ceteri. Non enim universae creaturae auctorem conditoremque noverunt. Inde in simulacra praecipitantur et ab operibus dei usque in opera sua demerguntur, quae tamen adhuc visibilia sunt.

5 Rom. 1, 25

2 primum *N* 9 fabricavit *MLXFT edd.* 13 se per] semper *NBF*, se ipsum per *A* quia] quae *A* 14 dilabuntur *AT edd.* 21 animos suos *L* 22 qui colunt *T* 26 simul totum *A* 27 caeterae *ACTm* 29 dei usque] eius *RA*

XXXVIII. 69. **194.** Est enim alius deterior et inferior cultus simulacrorum, quo phantasmata sua colunt, et quidquid animo errante cum superbia vel tumore cogitando imaginati fuerint religionis nomine observant, donec fiat in anima nihil omnino colendum esse et errare homines qui superstitioni se involvunt et misera implicant servitute. Sed frustra hoc sentiunt, non enim efficiunt ut non serviant; remanent quippe ipsa vitia quibus ut illa colenda opinarentur adtracti sunt. **195.** Serviunt enim cupiditati triplici: vel voluptatis vel excellentiae vel spectaculi. Nego esse quemquam istorum qui nihil colendum existimant, qui non aut carnalibus gaudiis subditus sit aut potentiam vanam foveat aut aliquo spectaculo delectatus insaniat. Ita nescientes diligunt temporalia, ut inde beatitudinem exspectent. His autem rebus quibus quisque beatus vult effici serviat necesse est, velit nolit. **196.** Nam quocumque duxerint sequitur, et quisquis ea visus fuerit auferre posse, metuitur. Possunt autem auferre ista et scintilla ignis et aliqua parva bestiola. Postremo, ut omittam innumerabiles adversitates, tempus ipsum auferat necesse est omnia transeuntia. Itaque cum omnia temporalia mundus iste concludat omnibus mundi partibus serviunt, qui propterea putant nihil colendum esse ne serviant. **197.** Verumtamen quamquam in 70. hac rerum extremitate miseri iaceant ut vitia sua sibi dominari patiantur — vel libidine vel superbia vel curiositate damnati vel duobus horum vel omnibus —, quamdiu sunt in hoc stadio vitae humanae, licet eis congredi et vincere, si prius credant quod intellegere nondum valent, et non diligant mundum, *quoniam omne quod in mundo est*, sicut divinitus dictum est, *concupiscentia carnis est et concupiscentia oculorum et ambitio saeculi.*

10—51, 25 *cf.* Eug. Exc. 21 p. 116—118 Knoell 27—29 *Ioh. 2, 16

---

4 animo *NR^2A* 5 superstitione *NBRC*, in superstitione *A* 6 misera se *edd.* 7 ipsa] illa *RA*, ista *F* 8 illa] ipsa *m* 9 voluntatis *ML^1RA* 11 subiectus *F* 14 spectent *NB* 17 metuetur *N* 20 concludit *Eug.* 23 iacent *A^1F* 27 non] nondum *MLX^{2}F*

Hoc modo tria illa notata sunt, nam concupiscentia carnis voluptatis infimae amatores significat, concupiscentia
71. oculorum curiosos, ambitio saeculi superbos. **198.** Triplex etiam temptatio in homine quem veritas ipsa suscepit, cavenda monstrata est. *Dic*, inquit temptator, *lapidibus istis, ut panes fiant.* At ille unus et solus magister: *Non in pane solo vivit homo, sed in omni verbo dei.* Ita enim domitam docuit esse oportere cupiditatem voluptatis, ut nec fami cedendum sit. Sed forte dominationis temporalis fastu decipi poterat qui carnis voluptate non potuit; omnia ergo mundi regna monstrata sunt et dictum est: *Omnia tibi dabo, si prostratus adoraveris me.* **199.** Cui responsum est: *Dominum deum tuum adorabis et illi soli servies.* Ita calcata superbia est. Subiecta est autem extrema etiam curiositatis inlecebra; non enim ut se de fastigio templi praecipitaret urgebat nisi causa tantum aliquid experiendi. Sed neque hic victus est, et ideo sic respondit ut intellegeremus non opus esse ad cognoscendum deum temptationibus visibiliter divina explorare molientibus: *Non temptabis*, inquit, *deum et dominum tuum.* **200.** Quam ob rem quisquis intus dei verbo pascitur non quaerit in ista heremo voluptatem, qui uni deo tantum subiectus est non quaerit in monte, id est in terrena elatione iactantiam, quisquis aeterno spectaculo incommutabilis veritatis adhaerescit, non per fastigium huius corporis, id est per hos oculos praecipitatur, ut temporalia et inferiora cognoscat.

XXXIX. 72. **201.** Quid igitur restat unde non possit anima recordari primam pulchritudinem quam reliquit, quando de ipsis suis vitiis potest? Ita enim sapientia dei pertendit usque in finem fortiter; ita per hanc summus ille artifex opera sua in unum

5—19 *cf.* Matth. 4, 1—10; Luc. 4, 3—12 28—29 *cf.* Sap. 8, 1

1 sunt notata *edd.*, nota sunt *MBF* 6 illi *F* non inquit *m* 6—7 solo pane *NRT edd.* 11 sunt ei *X* omnia haec *T* 13 est superbia *A edd.* 14 etiam extrema *RA*, extrema *N* 19 temptas *NL*, temptes R^1*A* dominum deum *Vulg. Eug. edd.* 20 verbo dei *edd.* 24 hos *om.* *X* 28 pertendit a fine *edd. Vulg.*, ad finem *N edd. Vulg.*

finem decoris ordinata contexuit, ita illa bonitas a summo ad extremum nulli pulchritudini, quae ab ipso solo esse posset, invidit, ut nemo ab ipsa veritate deiciatur qui non excipiatur ab aliqua effigie veritatis. **202.** Quaere in corporis voluptate quid teneat, nihil aliud invenies quam convenientiam; nam si resistentia pariunt dolorem, convenientia pariunt voluptatem. Recognosce igitur quae sit summa convenientia. Noli foras ire, in te ipsum redi; in interiore homine habitat veritas, et si tuam naturam mutabilem inveneris, transcende et te ipsum. Sed memento cum te transcendis, ratiocinantem animam te transcendere. **203.** Illuc ergo tende unde ipsum lumen rationis accenditur. Quo enim pervenit omnis bonus ratiocinator nisi ad veritatem? cum ad se ipsam veritas non utique ratiocinando perveniat, sed quod ratiocinantes appetunt, ipsa sit. Vide ibi convenientiam qua superior esse non possit, et ipse conveni cum ea. Confitere te non esse quod ipsa est; siquidem se ipsa non quaerit, tu autem ad eam quaerendo venisti, non locorum spatio sed mentis affectu, ut ipse interior homo cum suo inhabitatore non infima et carnali, sed summa et spiritali voluptate conveniat. **204.** Aut si non cernis quae 73.
dico, et an vera sint dubitas, cerne saltem utrum te de his dubitare non dubites; et si certum est te esse dubitantem, quaere unde sit certum. Non illic tibi, non omnino solis huius lumen occurret, sed *lumen verum quod inluminat omnem hominem venientem in hunc mundum*. Quod his oculis videri non potest, nec illis quibus phantasmata cogitantur, per eosdem oculos animae impacta, sed illis quibus ipsis phantasmatis dicitur: **205.** 'Non estis vos quod ego quaero, neque illud estis

24–25 *Ioh. 1, 9

2 usque ad *RAT edd.* pulchritudinem *N*, pulchritudine *M* 6 si *om. M* 10 te *om. MBF* 12 bonorum *F* 13 ipsa *MBLRFT* 17 eam] ipsam *edd.* 19 habitatore R^1 *A* 20 voluntate *MLX*R^1*AF* 23 *alt.* non *om. X*R^1 24 occurreret *M*L^1*F* 27 fantasmatibus *RAT*, phantasmatibus *C edd.*; *de forma* -is *pro* -ibus *cf. p. 69, 7. 71, 28. 76, 17 et Blaise Dictionnaire*

unde vos ordino; et quod mihi inter vos foedum occurrerit improbo, quod pulchrum approbo, cum pulchrius sit illud unde inprobo et adprobo. Quare hoc ipsum magis approbo, et non solum vobis, sed illis omnibus corporibus unde vos hausi, antepono.' Deinde regulam ipsam quam vides concipe hoc modo: Omnis qui se dubitantem intellegit, verum intellegit, et de hac re quam intellegit certus est; de vero igitur certus est. **206.** Omnis ergo qui utrum sit veritas dubitat, in se ipso habet verum unde non dubitet; nec ullum verum nisi veritate verum est. Non itaque oportet eum de veritate dubitare qui potuit undecumque dubitare. Ubi videntur haec, ibi est lumen sine spatio locorum et temporum et sine ullo spatiorum talium phantasmate. **207.** Numquid ista ex aliqua parte corrumpi possunt, etiamsi omnis ratiocinator intereat aut apud carnales inferos veterescat? Non enim ratiocinatio talia facit, sed invenit. Ergo antequam inveniantur in se manent, et cum inveniuntur nos innovant.

XL. 74. **208.** Ita renascitur interior homo, et exterior corrumpitur de die in diem. Sed interior exteriorem respicit et in sua comparatione foedum videt, in proprio tamen genere pulchrum et corporum convenientia laetantem, et corrumpentem quod in bonum suum convertit, alimenta scilicet carnis. Quae tamen corrupta, id est amittentia formam suam, in membrorum istorum fabricam migrant et corrupta reficiunt, in aliam formam per convenientiam transeuntia, et per vitalem motum diiudicantur quodam modo, ut ex eis in structuram huius visibilis pulchri quae apta sunt adsumantur, non apta vero per congruos meatus eiciantur. **209.** Quorum aliud faeculentissimum redditur terrae ad alias formas assumendas, aliud per totum corpus exalat, aliud totius animalis

18—19 *cf.* II Cor. 4, 16

1 quo *M* 5 concipi *M*, conspice *R* 7—8 de vero iqitur certus est *om. N* 8 omnis igitur *edd.* 9 ullum] illud *MLXFT* 13 fantasmatum *T* 15 veterascat *T edd.* 19 in die *N* 30 exhalat *MBF*

latentes numeros accipit et inchoatur in prolem, et sive convenientia duorum corporum sive tali aliquo phantasmate commotum per genitales vias ab ipso vertice defluit in infima voluptate. Iam vero in matre per certos numeros temporum in locorum numerum coaptatur, ut suas regiones quaeque membra occupent. **210.** Et si modum parilitatis servaverint, luce coloris adiuncta nascitur corpus quod formosum vocatur et a suis dilectoribus amatur acerrime; non tamen in eo plus placet forma quae movetur quam vita quae movet. Nam illud animal, si nos amet, allicit violentius; si oderit autem, suscensemus et ferre non possumus, etiamsi formam ipsam praebeat fruenti. Hoc totum est voluptatis regnum et ima pulchritudo, subiacet enim corruptioni. Quod si non esset, summa putaretur. **211.** Sed adest divina providentia, quae 75.
hanc ostendat et non malam, propter tam manifesta vestigia primorum numerorum in quibus *sapientiae dei non est numerus*, et extremam tamen esse, miscens ei dolores et morbos et distortiones membrorum et tenebras coloris et animorum simultates ac dissensiones, ut ex his admoneamur incommutabile aliquid esse quaerendum. Et hoc facit per infima ministeria, quibus id agere voluptatis est, quos exterminatores et angelos iracundiae divinae scripturae nominant, quamvis ipsi nesciant quid de se agatur boni. **212.** His similes sunt homines qui gaudent miseriis alienis et risus sibi ac ludicra spectacula exhibent vel exhiberi volunt eversionibus et erroribus aliorum. Atque ita in his omnibus boni admonentur et exercentur et vincunt et triumphant et regnant, mali

16 *Psalm. 146, 5 21—22 *cf.* Iudith 8, 25; I Cor. 10, 10; Apoc. 15, 7
23—26 *cf.* Conf. 3, 3, 6; 5, 12, 22

1 inchoatur de ipso semine *B* 2 duorum maris et feminae *B* 3 in *om.* *MLX* 3—4 in infimam voluptatem *F* 4 in matrem *MLF* perceptus *MBA*^{2}*CF* numerus *BA*^{2}*C* 10 violenter *T* 12 est *om.* *M* est totum *XR* 13 corruptioni] voluptati *L* 16 a sapientiae *MF* 17 extrema *MF* 18 distentiones membrorum *X* tenebras colores *MF*, tenebrosos colores *LT* 19 dissentionis *N* 19—20 incommutabilem *N* 24—25 acludrica *MB*^{1}*LF* 26 omnibus his *A*

vero decipiuntur cruciantur vincuntur damnantur et serviunt non uni omnium domino summo, sed ultimis servis illis, videlicet angelis qui doloribus et miseria damnatorum pascuntur, et pro ista malevolentia bonorum liberatione torquentur.
76. **213.** Ita ordinantur omnes officiis et finibus suis in pulchritudinem universitatis, ut quod horremus in parte, si cum toto consideremus, plurimum placeat, quia nec in aedificio iudicando unum tantum angulum considerare debemus nec in homine pulchro solos capillos nec in bene pronuntiante solum digitorum motum nec in lunae cursu aliquas tridui tantum figuras. **214.** Ista enim, quae propterea sunt infima quia partibus imperfectis tota perfecta sunt, sive in statu sive in motu sentiantur, tota consideranda sunt, si recte volumus iudicare. Verum enim nostrum iudicium, sive de toto sive de parte iudicet, pulchrum est; universo quippe mundo superfertur, nec alicui parti eius, in quantum verum iudicamus, adhaeremus. Error autem noster parti adhaerens eius ipse per se foedus est. **215.** Sed sicut niger color in pictura cum toto fit pulcher, sic istum totum agonem decenter edit incommutabilis divina providentia, aliud victis, aliud certantibus, aliud victoribus, aliud spectatoribus, aliud quietis et solum deum contemplantibus tribuens, cum in his omnibus non sit malum nisi peccatum et poena peccati, hoc est defectus voluntarius a summa essentia et labor in ultima non voluntarius. Quod alio modo sic dici potest: libertas a iustitia et servitus sub peccato.

XLI. 77. **216.** Corrumpitur autem homo exterior aut profectu interioris aut defectu suo. Sed profectu interioris ita corrumpitur ut totus in melius reformetur et restituatur in integrum *in novissima tuba*, ut non iam corrumpatur neque corrumpat.

30 I Cor. 15, 52

2 summo domino *edd.*, deo summo *R* A^{1} 12 in *utrumque om.* N^{1} 13 motu pulchra *N* 15 mundo] orbi *A* 19 totum istum *edd.* 23 peccati poena *RA* 25 a] ad *M*, et *F* 26 sub peccato] suppecato *MF*, a peccato *A s. l.*, a peccato sub peccato *C* 30 iam non *em*

Defectu autem suo in pulchritudines corruptibiliores, id est poenarum ordinem praecipitatur. Nec miremur quod adhuc pulchritudines nomino; nihil enim est ordinatum quod non sit pulchrum. Et, sicut ait apostolus: *Omnis ordo a deo est.* **217.** Necesse est autem fateamur meliorem esse hominem plorantem quam laetantem vermiculum. Et tamen vermiculi laudem sine mendacio ullo copiose possum dicere, considerans nitorem coloris, figuram teretem corporis, priora cum mediis, media cum posterioribus congruentia et unitatis appetentiam pro suae naturae humilitate servantia, nihil ex una parte formatum quod non ex altera parili dimensione respondeat. **218.** Quid iam de anima ipsa dicam vegetante modulum corporis sui, quomodo eum numerose moveat, quomodo appetat convenientia, quomodo vincat aut caveat obsistentia quantum potest, et ad unum sensum incolumitatis referens omnia, unitatem illam conditricem naturarum omnium multo evidentius quam corpore insinuet? **219.** Loquor de vermiculo, animante qualicumque: cineris et stercoris laudem verissime atque uberrime plerique dixerunt. Quid ergo mirum est si hominis animam, quae ubicumque sit et qualiscumque sit omni corpore est melior, dicam pulchre ordinari et de poenis eius alias pulchritudines fieri? cum ibi non sit quando misera est ubi esse beatos decet, sed ibi sit ubi esse
miseros decet. **220.** Prorsus nemo nos fallat. Quidquid recte 78.
vituperatur in melioris comparatione respuitur. Omnis autem natura quamvis extrema, quamvis infima, in comparatione nihili iure laudatur. Et tum cuique non est bene, si esse melius

4 *cf.* Rom. 13, 1; Retract. 1, 12, 10 18–19 *cf.* Cic. Cato 15, 54 24–25 Retract. 1, 12, 11

7 ullo mendacio *edd.* 8 figuram teretem] figurantem *N*, figuram et rectitudinem *X* 9–10 appetentia *N*, adpetentia *M F* 12 ipsa anima *X* 17 corpus *F edd.*, corpora R^2 20 homines *N*, omnis *M L* anima *N M B L F* 21 sit *om.* *M F* est] sit *N* 23 beatos] beatus *M*, rectos *R A* 23–24 miseros esse *A*, esse *om.* *C* 25 vituperator *N* 27 nihil *N* tunc *X* C^2, cum *B* melius esse *R edd.*

potest. Quare si nobis potest bene esse cum ipsa veritate, male sumus cum quolibet vestigio veritatis, multo ergo deterius cum extremitate vestigii, quando carnis voluptatibus adhaeremus. **221.** Vincamus ergo huius cupiditatis vel blanditias vel molestias; subiugemus nobis hanc feminam, si viri sumus. Nobis ducibus et ipsa erit melior, nec iam cupiditas sed temperantia nominabitur. Nam cum ipsa ducit, nos autem sequimur, cupiditas illa et libido, nos vero temeritas et stultitia nuncupamur. Sequamur Christum caput nostrum, ut et nos sequatur cui caput sumus. **222.** Hoc et feminis praecipi potest, non maritali sed fraterno iure, quo iure in Christo nec masculus nec femina sumus. Habent enim et illae virile quiddam unde femineas subiugent voluptates, unde Christo serviant et imperent cupiditati. Quod in multis viduis et virginibus dei, in multis etiam maritatis sed iam fraterne coniugalia iura servantibus Christiani populi dispensatione manifestum est. **223.** Quod si ab ea parte cui dominari nos deus iubet atque ut in nostram possessionem restituamur et hortatur et opitulatur, si ergo ab hac parte per neglegentiam et impietatem vir subditus fuerit, id est mens et ratio, erit quidem homo turpis et miser, sed destinatur in hac vita et post hanc vitam ordinatur, quo eum destinari et ubi ordinari summus ille rector et dominus iudicat. Nulla itaque foeditate universam creaturam maculare permittitur.

XLII. 79. **224.** Ambulemus ergo dum diem habemus, id est dum ratione uti possumus, ut ad deum conversi verbo eius quod verum lumen est, inlustrari mereamur, ne nos tenebrae conprehendant. Dies est enim praesentia illius luminis quod *inluminat omnem hominem venientem in hunc mundum.* 'Hominem' dixit, quia ratione uti potest, et ubi cecidit ibi in-

9—10 *cf.* I Cor. 2, 3 *al.* 25 *cf.* Rom. 13, 13 28—29 Ioh. 1, 9

8 libido nominatur *F* 10 ad nos *M* F^1 et] est *N*, *om.* M^1 *deficit B 10—58, 12* 14 cupiditati] voluptati *X* 15 iam] etiam X^1 *F* 17 deus nos *edd.* 24 universa creatura $L^2 A^2 C$ maculari $A^2 C$, inquinare *L* 30 qui $N^1 L X C R^2$

cumbere ut surgat. Si ergo voluptas carnis diligitur, ea ipsa diligentius consideretur; et cum ibi recognita fuerint quorundam vestigia numerorum, quaerendum est ubi sine tumore sint. Ibi enim magis unum est quod est. **225.** Et si tales sunt in ipsa motione vitali quae in seminibus operatur, magis ibi mirandi sunt quam in corpore. Si enim numeri seminum sicut ipsa semina tumerent, de dimidio grano fici arbor dimidia nasceretur, neque de animalium seminibus etiam non totis animalia tota et integra gignerentur, neque tantillum et unum semen vim haberet sui cuiusque generis innumerabilem. **226.** De uno quippe possunt secundum suam naturam vel segetes segetum vel silvae silvarum vel greges gregum vel populi populorum per saecula propagari, ut nullum folium sit vel nullus pilus per tam numerosam successionem, cuius non ratio in illo primo et uno semine fuerit. Deinde illud cogitandum est quam numerosas, quam suaves sonorum pulchritudines verberatus aer traiciat cantante luscinia, quas illius aviculae anima non cum liberet fabricaretur nisi vitali motu incorporaliter haberet inpressas. **227.** Hoc et in ceteris animantibus, quae ratione carentia sensu tamen non carent, animadverti potest. Nullum enim horum est quod non vel in sono vocis vel in cetero motu atque operatione membrorum numerosum aliquid et in suo genere moderatum gerat, non aliqua scientia, sed tamen intimis naturae terminis ab illa incommutabili numerorum lege modulatis.

228. Redeamus ad nos et omittamus ea quae cum ar- XLIII. 80.
bustis et bestiis habemus communia. Uno modo namque hirundo nidificat et unum quodque avium genus uno aliquo suo modo. Quid est ergo in nobis, quo et de illis omnibus

1 debet ut surgat *X*, ut surgat debet *A*, ut surgat per rationem debet *R* 5 siminibus *N M* X^1 6 inumeri *N* 10 innumerabilis *N* 11 secundum s. n. possunt *edd.* 13 per] par *M* 17 traititet *M*, traicet F^1, trahiciat *T* 17 luciscinia *M X* 18 non tam libere *edd.* 21 animum adverti *N* 24 aliquam *A* aliquid *M F* 25 lege numerorum *A* 27 namque modo *edd.* 28 irundo *M F*

iudicamus — quas figuras appetant et quatenus impleant —, et nos in aedificiis aliisque corporeis operibus tamquam domini omnium talium figurarum innumerabilia machinamur? **229.** Quid in nobis est quod intus intellegit has ipsas visibiles corporum moles proportione magnas esse vel parvas, et omne corpus habere dimidium quantulumcumque sit, et si dimidium, innumerabiles partes; itaque omne granum milii suae parti tantae, quantum in hoc mundo nostrum corpus tenet, tam magnum esse quam mundus est nobis; totumque istum mundum figurarum ratione pulchrum esse, non mole, magnum autem videri non pro sua quantitate sed pro brevitate nostra, id est animalium quibus plenus est; quae rursus cum habeant infinitatem divisionis non ipsa per se, sed in aliorum et maxime ipsius universi comparatione tam parva sunt? **230.** Nec in spatio temporum alia ratio est, quia ut omnis loci sic omnis temporis longitudo habet dimidium sui; quamvis enim sit brevissima, et incipit et progreditur et desinit. Itaque non potest nisi habere dimidium, dum ibi dividitur qua transit ad finem. Ac per hoc et brevis syllabae tempus in comparatione longioris breve et hora brumalis aestivae horae comparata minor est. **231.** Sic mora omnis horae ad diem et diei ad mensem et mensis ad annum et anni ad lustrum et lustri ad maiores circuitus et ipsi ad universum tempus relati breves sunt, cum illa ipsa numerosa successio et quaedam gradatio sive localium sive temporalium spatiorum non tumore vel mora, sed ordinata convenientia pulchra iudicetur.

81. **232.** Ipse autem ordinis modus vivit in veritate perpetua, nec mole vastus nec protractione volubilis, sed potentia supra omnes locos magnus, aeternitate super omnia tempora immobilis. Sine quo tamen nec ullius molis vastitas in unum redigi nec ullius temporis productio potest ab errore cohiberi

4 est in nobis *edd.* 5 magna esse vel parva *N* et] sed *N* 7 granum omne *A* 12 est plenus *edd.* 18 cum *N* qua] quia *L*, quo *R* 20 breve est *A* brumalia *N* 21 omnis] unius *R A edd.* 27 in *om.* *T* 29 locus *N*, locos omnes *X* 31 cohiberi] prohiberi RA^1

et aliquid esse corpus ut corpus sit vel motus ut motus sit. Ipsum est unum principale, nec per finitum nec per infinitum crassum nec per finitum nec per infinitum mutabile. **233.** Non enim habet aliud hic aliud alibi aut aliud nunc aliud postea, quia summe unus est pater veritatis, pater suae sapientiae, quae nulla ex parte dissimilis similitudo eius dicta est et imago, quia de ipso est. Itaque etiam filius recte dicitur ex ipso, cetera per ipsum. Processit enim forma omnium summe implens unum de quo est, ut cetera quae sunt, in quantum sunt uni similia, per eam formam fierent.

234. Horum alia sic sunt per ipsam ut ad ipsam etiam XLIV. 82
sint, ut omnis rationalis et intellectualis creatura, in qua homo rectissime dicitur factus ad imaginem et similitudinem dei; non enim aliter incommutabilem veritatem posset mente conspicere. Alia vero ita sunt per ipsam facta ut non sint ad ipsam. **235.** Et ideo rationalis anima si creatori serviat a quo facta est et per quem facta est et ad quem facta est, cuncta ei cetera servient: et vita ultima, quae tam vicina illi est et est adiutorium eius per quod imperat corpori, et ipsum corpus, extrema natura et essentia, cui omni modo cedenti ad arbitrium dominabitur, nullam de illo sentiens molestiam, quia iam non ex illo nec per illud quaeret beatitudinem, sed ex deo per se ipsam percipiet. **236.** Reformatum ergo corpus ac sanctificatum sine detrimento corruptionis et sine onere difficultatis administrabit. *In resurrectione enim neque nubunt neque nubuntur, sed erunt sicut angeli in caelis. Esca* vero *ventri, et venter escis; deus autem et hunc et illas destruet.* Quoniam *non est regnum dei esca et potus, sed iustitia et pax et gaudium.*

25–26 *Matth. 22, 30 27–28 *I Cor. 6, 13 28–29 Rom. 14, 17

4 alibi] ibi *L* 7 filius *om. B*, recte filius *L* 7–8 ex se ipso *C*, de ipso *F* 8 ipsum] ipsa *N*, ipsam *X R*[1] 11 horum *om. N*[1], quorum *N*[2] 14 enim *om. F* 16 rationabilis *R A*[1] 17 *pr.* et *om. edd.* 19 est illi *A* 23 recipiet *N* 26 nubent neque nubentur *B X R A F T Vulg.* angeli dei *C Vulg.* 27 illa *N*, has *L* 28 destruit *N*

XLV. 83. **237.** Quapropter etiam in ista corporis voluptate invenimus unde commemoremur eam contemnere, non quia malum est natura corporis, sed quia in extremi boni dilectione turpiter volutatur, cui primis inhaerere fruique concessum est. Cum trahitur auriga et suae temeritatis dat poenas, quidquid illud est quo utebatur accusat. **238.** Sed imploret auxilium, iubeat dominus rerum obsistatur equis — alia iam spectacula de illius praecipitatione facientibus et nisi subveniatur de morte facturis —, restituatur in locum, super rotas collocetur, habenarum iura reddantur, regat cautius obtemperantes et edomitas bestias; tunc sentiet quam bene currus et tota illa iunctio fabricata sit, quae ruina eius et ipsum affligebat et cursum decentissimae moderationis amiserat, quia et huic corpori imbecillitatem peperit animae male utentis aviditas in paradiso, usurpans vetitum cibum contra medici discipli-
84 nam, qua sempiterna continetur salus. **239.** Si ergo in ista ipsa visibilis carnis imbecillitate, ubi beata vita esse non potest, invenitur admonitio beatae vitae propter speciem de summo usque ad ima venientem, quanto magis in appetitione nobilitatis et excellentiae et in omni superbia vanaque pompa huius mundi? Quid enim aliud in ea homo appetit nisi solus esse, si fieri possit, cui cuncta subiecta sint, perversa scilicet imitatione omnipotentis dei? **240.** Quem si subditus imitaretur secundum eius praecepta vivendo, per eum haberet subdita cetera nec ad tantam deformitatem veniret ut bestiolam timeat, qui vult hominibus imperare. Habet ergo et superbia quendam appetitum unitatis et omnipotentiae, sed in rerum temporalium principatu, quae omnia transeunt tamquam
85. umbra. **241.** Invicti esse volumus et recte; habet hoc enim

---

2 commonemur *R A C*, commoneamur *em* contempnere *N L X C F* 3 corporalis *N R A* extrema *A* 5 cum trahitur] contrahitur *M C* 6 quod *N* 7 dominus rerum *obscurum* (*'le directeur de la course' Pegon*) 9 factoris *N* 12 afflixerat *R A* 14 anima *N* 17 vita beata *T* 21 enim *om.* *N* aliud *om.* *X* 22 posset *F T* subiecta sunt *X*, sint subiecta *L* 24 praecepta eius *edd.* 26 timeret L^1 *F edd.* 29 habet enim hoc *R A edd.*

animi nostri natura post deum a quo ad eius imaginem factus est; sed eius erant praecepta servanda, quibus servatis nemo nos vinceret. Nunc vero dum ipsa cuius verbis turpiter consensimus domatur dolore pariendi, et nos in terra laboramus et cum magno dedecore superamur ab omnibus quae nos commovere ac perturbare potuerint. Itaque nolumus ab hominibus vinci, et iram non possumus vincere. **242.** Qua turpitudine quid execrabilius dici potest? Fatemur hominem hoc esse quod nos sumus, qui tametsi habeat vitia, non est tamen ipse vitium. Quanto igitur honestius homo nos vincit quam vitium? Quis autem dubitet immane vitium esse invidentiam, qua necesse est torqueatur et subiciatur qui non vult in rebus temporalibus vinci? Melius est ergo ut homo nos vincat quam invidentia vel quodlibet aliud vitium.

243. Sed nec ab homine vinci potest qui vitia sua vicerit. XLVI. 8
Non enim vincitur nisi cui eripitur ab adversario quod amat. Qui ergo id amat solum quod amanti eripi non potest, ille indubitanter invictus est nec ulla cruciatur invidia. Id enim diligit ad quod diligendum et percipiendum quanto plures venerint, tanto eis uberius gratulatur. Diligit enim deum ex toto corde et ex tota anima et ex tota mente, et diligit proximum tamquam se ipsum. **244.** Non illi ergo invidet, ut sit quod ipse est, immo adiuvat etiam quantum potest. Nec potest amittere proximum quem diligit tamquam se ipsum, quia neque in se ipso ea diligit quae oculis subiacent aut ullis aliis corporis sensibus. Ergo apud se ipsum habet quem diligit tamquam se ipsum. **245.** Ea est autem regula dilectionis, ut 87.
quae sibi vult bona provenire, et illi velit, quae accidere sibi mala non vult, et illi nolit. Hanc voluntatem erga omnes

4–68, 2 *cf.* Eug. Exc. 22 p. 118–124 Knoell 20 *cf.* Matth. 22, 37

2 praecepta erant *A edd.* 6 potuerunt *A* 8 fatemur enim *L*, fateamur *NB* 9 tamen etsi X^2 *edd.* 14 alium *N* 16 cui] cum *MLF* 17 amat id *RA edd.* 20 deo *N* 21 *pr.* et *NAT Eug., om. cett. alt.* et *NMRA Eug., om. cett.* 22 ergo illi *LA edd.* 24 a * mittere potest *A* 26 corporeis $R^1 A^1 T$ 27 autem est *edd.* 28 et quae *L edd.*

homines servat. Nam erga neminem operandum est malum, et *dilectio proximi malum non operatur.* Diligamus ergo, ut praeceptum est, etiam inimicos nostros, si vere invicti esse volumus. Non enim per se ipsum quisquam hominum invictus est, sed per illam incommutabilem legem cui quicumque serviunt soli sunt liberi. **246.** Sic enim eis quod diligunt auferri non potest, quae res una invictos facit et perfectos viros. Nam si vel ipsum hominem homo dilexerit non tamquam se ipsum, sed tamquam iumentum aut balneas aut aviculam pictam aut garrulam, id est, ut ex eo aliquid temporalis voluptatis aut commodi capiat, serviat necesse est non homini sed quod est turpius tam foedo et detestabili vitio, quo non amat hominem sicut homo amandus est. Quo vitio dominante usque ad extremam vitam vel potius mortem
88. perducitur. **247.** Sed nec sic quidem ab homine homo diligendus est ut diliguntur carnales fratres vel filii vel coniuges vel quique cognati aut adfines aut cives. Nam et ista dilectio temporalis est. Non enim ullas tales necessitudines haberemus quae nascendo et moriendo contingunt, si natura nostra, in praeceptis et in imagine dei manens, in istam corruptionem non relegaretur. Itaque ad pristinam perfectamque naturam nos ipsa veritas vocans praecipit ut carnali consuetudini resistamus, docens neminem aptum esse regno dei qui non istas carnales necessitudines oderit. **248.** Neque hoc cuiquam inhumanum videri decet. Magis enim est inhumanum non amare in homine quod homo est, sed amare quod filius est. Hoc est enim non in eo amare illud quod ad deum pertinet sed amare illud quod ad se pertinet. Quid ergo mirum si ad regnum non pervenit qui non communem

---

2 Rom. 13, 10 3 *cf.* Matth. 5, 44 15—21 *cf.* Retract. 1, 12, 12 23—24 *cf.* Luc. 14, 26

---

9 balnea *AT* 10 ex ea *RA* 14 ad *om. T* 15 nec] ne *BRA* homo ab homine *A* 17 vel affines *edd.* dilectio ista *edd.* 18 necessitudines tales *C* 20 et imagine (*om.* in) *MLX Retract.* 22 ipsam *N* praecepit *NA* 25 debet C^2 *F Eug. edd.*

sed privatam rem diligit? Immo utrumque, ait quispiam. Immo illud unum, dicit deus. **249.** Dicit enim verissime veritas: *Nemo potest duobus dominis servire.* Nemo enim potest perfecte diligere quo vocamur nisi oderit unde revocamur. Vocamur autem ad perfectam naturam humanam, qualem ante peccatum nostrum deus fecit; revocamur autem ab eius dilectione quam peccando meruimus. Quare oderimus oportet unde ut liberemur optamus. **250.** Oderimus ergo tem- 89.
porales necessitudines, si aeternitatis caritate flagramus. Diligat homo proximum tamquam se ipsum. Certe enim sibi ipse nemo est pater aut filius aut adfinis aut aliquid huius modi, sed tantum homo. Qui ergo diligit aliquem tamquam se ipsum, hoc in eo debet diligere quod sibi ipse est. Corpora vero non sunt quod nos sumus; non ergo in homine corpus est expetendum aut desiderandum. Valet enim ad hoc etiam quod praeceptum est: *Ne concupiscas rem proximi tui.* **251.** Quapropter quisquis in proximo aliud diligit quam sibi ipse est, non eum diligit tamquam se ipsum. Ipsa igitur natura humana sine carnali condicione diligenda est, sive sit perficienda sive perfecta. Omnes sub uno deo patre cognati sunt qui eum diligunt et faciunt voluntatem ipsius, et invicem sibi sunt et patres cum sibi consulunt et filii cum sibi obtemperant et fratres maxime, quia eos unus pater testamento suo ad unam hereditatem vocat.

252. Quapropter cur iste non sit invictus hominem dili- XLVII. 90.
gendo cum in eo nihil praeter hominem diligat, id est creaturam dei ad eius imaginem factam, nec ei possit deesse per-

3 Matth. 6, 24 16 *Exod. 20, 17

1 rem sed privatam diligit *T*, sed privatam diligit rem *X* 2 deus] dominus *BRA* 4 vocamur] vocatur *X* 5 revocatur *X* 6 fecit deus *T* 7 turpiter meruimus *A* 9 charitate *N edd.*, karitate *LT* fraglamus *ML* 11 ipsi R^2*T edd.* 11—12 eius modi *T* 15 valet etiam ad hoc id *X*, valet ad hoc etiam *Eug.* 16 ne] non *RA Vulg.* 17 in proximo quisquis *A* 19 condicione *NRC Eug.*, conditione *cett. edd.*, conditione carnali *A* 20 patre deo *A* 25 invictus sit *MLXF edd.*

fecta natura quam diligit, cum ipse perfectus est? Sicut enim verbi gratia si quisquam diligat bene cantantem non hunc aut illum, sed tantum bene cantantem quemlibet, cum sit cantator ipse perfectus, ita vult omnes tales esse, ut tamen non ei desit quod diligit, quia ipse bene cantat. **253.** Nam si cuiquam invidet bene cantanti, non iam illud diligit, sed laudem aut aliquid aliud, quo bene cantando vult pervenire; et potest ei minui vel auferri si et alius bene cantaverit. Qui ergo invidet bene cantanti, non amat bene cantantem; sed rursus qui eo indiget non cantat bene. Quod multo accomodatius de bene vivente dici potest, quia et invidere nulli potest; quo enim perveniunt bene viventes, tantundem est omnibus nec minus fit cum plures habuerint. **254.** Et potest esse tempus quo bonus cantator cantare non decenter queat et indigeat voce alterius qua sibi exhibeatur quod diligit, tamquam si alicubi convivetur ubi eum cantare turpe sit sed deceat audire cantantem. Bene vivere autem semper decet. Quare quisquis hoc et diligit et facit, non solum non invidet imitantibus, sed eis se praebet libentissime atque humanissime quantum potest, nec eis tamen indiget. Nam quod in illis diligit, in se ipse habet totum atque perfectum. **255.** Ita cum diligat proximum tamquam se ipsum non invidet ei, quia nec sibi ipsi; praestat ei quod potest, quia et sibi ipsi; non eo indiget, quia nec se ipso. Tantum deo indiget, cui adhaerendo beatus est. Nemo autem illi eripit deum. Ille ergo verissime atque certissime invictus homo est qui cohaeret deo, non ut ab eo aliquid boni extra mereatur, sed cui nihil aliud quam ipsum haerere deo bonum est.

---

4 cantor *NX* 5 ei non *edd.* cantet *X* 6 illum *NC*, illud iam *A* 7 aut laudem *edd.* quod *BC*[1], ad quod *C*[2] 10 bene cantat *edd.* 11 et *om. MLXCF* 13 fuerint *NR*[1] 14 cantor *NX* 15 sibi id *F* quod diligit *om. MLF*, quod diligat *A*[1]*B*[1] 17 autem vivere *L edd.* 18 et *pr. om. RAT Eug.* 19 eis *NBRA Eug.*, et his *cett.* 20 tamen eis *edd.*, tamen *NA*[1] 22 diligit *A edd.* 24 se ipsum *N* 25 beatus] rectus *RA* 27 ab eo] a deo *C* 28 adhaerere *R Eug.* est *om. ML*

256. Hic vir quamdiu est in hac vita utitur amico ad repen- 91.
dendam gratiam, utitur inimico ad patientiam, utitur quibus
potest ad beneficientiam, utitur omnibus ad benevolentiam.
Et quamquam temporalia non diligat, ipse recte utitur tem-
poralibus et pro eorum sorte hominibus consulit, si aequaliter
non potest omnibus. Quare si aliquem familiarium suorum
promptius quam quemlibet alloquitur, non eum magis diligit,
sed ad eum habet maiorem fiduciam et apertioris temporis
ianuam. Tractat enim tempori deditos tanto melius quanto
ipse minus obligatus est tempore. **257.** Cum itaque omnibus
quos pariter diligit prodesse non possit, nisi coniunctioribus
prodesse malit iniustus est. Animi autem coniunctio maior est
quam locorum aut temporum quibus in hoc corpore gignimur;
sed ea maxima est quae omnibus praevalet. Non ergo iste
affligitur morte cuiusquam, quoniam qui toto animo deum
diligit, novit nec sibi perire quod deo non perit; deus autem
dominus est et vivorum et mortuorum. **258.** Non cuiusquam
miseria miser est, quia nec cuiusquam iniustitia fit iniustus.
Et ut nemo illi iustitiam et deum, sic nemo aufert beatitu-
dinem. Et si quando forte alicuius periculo vel errore vel
dolore commovetur, usque ad illius auxilium aut correctionem
aut consolationem, non usque ad suam subversionem valere
patitur. **259.** In omnibus autem officiosis laboribus futurae 92.
quietis certa expectatione non frangitur. Quid enim ei noce-
bit qui bene uti etiam inimico potest? Eius enim praesidio
atque munimento inimicitias non pertimescit, cuius praecepto
et dono diligit inimicos. Huic viro in tribulationibus parum
est non contristari nisi etiam gaudeat, sciens *quod tribulatio
patientiam operatur, patientia probationem, probatio spem, spes*

28—67, 2 *Rom. 5, 3—5

1 hic vir quamdiu est] si *M L F* 7 alloquitur quam quemlibet *A* 10 minus ipse *edd.* tempori *X* C^2 *F* *edd.* 18 iustitia iustus est *M* *edd.*, iusticia iustus fit *X F*, iustitia iustus *C* 19 auferet *R A C* 20 quando *N B* R^1 *A T* *Eug.*, aliquando *cett. edd.* 21 correptionem *B R C T* 25 inimicos *F*

autem non confundit, quoniam caritas dei diffusa est in cordibus nostris per spiritum sanctum, qui datus est nobis. **260.** Quis huic nocebit? Quis hunc subiugabit? Homo qui prosperis rebus proficit, asperis quid profecerit discit. Cum enim mutabilium bonorum adest copia, non eis confidit, sed cum subtrahuntur agnoscit utrum eum non ceperint, quia plerumque cum adsunt nobis putamus quod non ea diligamus, sed cum abesse coeperint invenimus qui simus. **261.** Hoc enim sine amore nostro aderat quod sine dolore discedit. Videtur ergo vincere cum vincatur, qui superando ad id pervenit quod cum dolore amissurus est; et vincit cum vinci videatur, quisquis cedendo ad id pervenit quod non amittit invitus.

XLVIII. 93. **262.** Quem delectat ergo libertas, ab amore mutabilium rerum liber esse appetat; et quem regnare delectat, uni omnium regnatori deo subditus haereat, plus eum diligendo quam se ipsum. Et haec est perfecta iustitia, qua potius potiora et minus minora diligimus. Sapientem animam atque perfectam talem diligat qualem illam videt; stultam non talem, sed quia esse perfecta et sapiens potest, quia nec se ipsum debet stultum diligere. Nam qui se diligit stultum, non proficiet ad sapientiam; nec fiet quisque qualis cupit esse nisi se oderit qualis est. **263.** Sed donec ad sapientiam perfectionemque veniatur, eo animo ferat stultitiam proximi quo suam ferret, si stultus esset et amaret sapientiam. Quapropter si et ipsa superbia verae libertatis et veri regni umbra est, etiam per ipsam nos commemorat divina providentia quid significemus vitiosi et quo debeamus redire correcti.

XLIX. 94. **264.** Iam vero cuncta spectacula et omnis illa quae appellatur curiositas, quid aliud quaerit quam de rerum cognitione laetitiam? Quid ergo admirabilius, quid speciosius

---

2 quis] quid *B* 3 quis] qui *M B* 5 in eis R^2 *F T* 6 eum] etiam *N*, enim *L* 8 quid *A* 10 pervenerit *T* 13 ergo delectat *T edd.* 16 iustitia] sapientia *T* 19 se *om.* L^1 *F* 20—21 proficit *N X Eug.*, perficiet *B* 21 quisquis *m* 23 eo animum *N*, animo eo *A* 27 correpti *C* 30 ammirabilibus *M*, iam mirabilius *B*

ipsa veritate, ad quam spectator omnis pervenire se cupere confitetur, cum vehementer ne fallatur invigilat, et inde se iactat si aliquid acutius ceteris et vivacius in spectando cognoscat et iudicet? **265.** Ipsum denique praestigiatorem nihil aliud quam fallaciam profitentem diligenter intuentur et cautissime observant, et si eluduntur, quia sua non possunt, illius delectantur scientia qui eos eludit. Nam si et ille nesciret quibus causis fallantur intuentes vel nescire crederetur, pariter erranti nullus plauderet. **266.** Si quis autem de populo unus eum deprehenderit, maiorem illo laudem se mereri putat, non ob aliud nisi quia decipi fallique non potuit. Si autem multis apertus sit, non ille laudatur, sed inridentur ceteri qui talia deprehendere nequeunt. Ita omnis palma cogitationi datur et artificio et comprehensioni veritatis. Ad quam nullo modo perveniunt qui foris eam quaerunt. **267.** Ita- 95.
que in tantas nugas et turpitudines mersi sumus ut, cum interrogati quid sit melius, verum an falsum, uno ore respondeamus verum esse melius, iocis et ludis tamen, ubi nos utique non vera sed ficta delectant, multo propensius quam praeceptis ipsius veritatis haereamus. Ita nostro iudicio et ore punimur, aliud ratione approbantes, aliud vanitate sectantes. **268.** Tamdiu autem est ludicrum et ioculare aliquid quamdiu novimus in cuius veri comparatione rideatur. Sed diligendo talia excidimus a vero et non iam invenimus quarum rerum imitamenta sint, quibus tamquam primis pulchris inhiamus, et ab eis recedentes amplexamur nostra phantasmata. Nam redeuntibus nobis ad investigandam veritatem ipsa in itinere occurrunt et nos transire non sinunt, nullis viribus sed magnis insidiis latrocinantia non intellegentibus quam late pateat

27—71, 14 *def.* *L*

1 veritate ipsa *R* omnis spectator *edd.* 2 vigilanter *RA* 3 aliquid] quid *edd.* in *om.* *RA* 7 deludit *C* et si *RAT* 16 cum *abundat* interroganti NRA^1 17—18 respondemus *T* 19 ficta] falsa *T* 20 ore] errore RA^1 21 probantes NRA^1 22 ludricum *N* 23 in *om.* R^1A^1, quid in *X* 27 ipsam *MX*

96. quod dictum est: *Cavete a simulacris.* **269.** Itaque alii per innumerabiles mundos vaga cogitatione volutati sunt, alii deum esse non posse nisi corpus igneum putaverunt, alii candorem lucis immensae per infinita spatia usquequaque porrectum, ex una tamen parte quasi nigro quodam cuneo fissum, duo adversa regna opinantes, et talia rebus constituentes principia cum suis phantasmatis fabulati sunt. **270.** Quos si iurare cogam utrum haec vera esse sciant, fortasse non audeant sed vicissim dicant: 'Tu igitur ostende quid verum sit.' Quibus si nihil responderem, nisi ut illam lucem quaerant qua eis apparet et certum est aliud esse credere aliud intellegere, iurarent et ipsi nec oculis videri posse istam lucem nec cum aliqua locorum vastitate cogitari et nusquam non praesto esse quaerentibus et nihil ea certius atque serenius inveniri.
97. **271.** Quae rursus omnia quae de hac luce mentis nunc a me dicta sunt, nulla alia quam eadem luce manifesta sunt. Per hanc enim intellego vera esse quae dicta sunt, et haec me intellegere per hanc rursus intellego. Et hoc rursus et rursus cum quisque se aliquid intellegere intellegit, et id ipsum rursus intellegit, in infinitum pergere intellego. Et nulla hic esse spatia cuiusquam tumoris aut volubilitatis intellego; intellego etiam non me posse intellegere nisi vivam; et me vivaciorem intellegendo fieri certus intellego. **272.** Aeterna enim vita vitam temporalem vivacitate ipsa superat, nec quid sit aeternitas nisi intellegendo conspicio. Mentis quippe aspectu omnem mutabilitatem ab aeternitate seiungo, et in ipsa aeternitate nulla spatia temporis cerno, quia spatia temporis prae-

1 *I Ioh. 5, 21

def. L

2 modos R^1A 6 fisum *RA*, fixum *C* diversa *T* 7 fantasmatibus *RAC*^{2}*T*, *cf. 52, 27* 10 responderem *NBRA*, respondeam *cett.* 15 de *om. NM* 17 haec] hanc *N* 18—20 et hoc rursus intellegit cum quisque se aliquid intellegere intellegit et id ipsum rursus in infinitum pergere intellego *F*R^2 21—23 intellego etiam . . . certus intellego *om. F* 27 cerno temporis *C*

teritis et futuris rerum motibus constant. **273.** Nihil autem praeterit in aeterno et nihil futurum est, quia et quod praeterit esse desinit, et quod futurum est nondum esse coepit; aeternitas autem tantummodo est, nec fuit quasi iam non sit, nec erit quasi adhuc non sit. Quare sola ipsa verissime dicere potuit humanae menti: *Ego sum qui sum*; et de illa verissime dici potuit: *Misit me qui est.*

274. Cui si nondum possumus inhaerere, obiurgemus sal- L. 98.
tem nostra phantasmata et tam nugatorios et deceptorios ludos de spectaculo mentis eiciamus. Utamur gradibus quos nobis divina providentia fabricare dignata est. Cum enim figmentis ludicris nimium delectati evanesceremus in cogitationibus nostris et totam vitam in quaedam vana somnia verteremus, rationali creatura serviente legibus suis per sonos ac litteras ignem fumum nubem columnam quasi quaedam verba visibilia cum infantia nostra parabolis ac similitudinibus quodam modo ludere et interiores oculos nostros luto huiusce modi curare non aspernata est ineffabilis misericordia dei. **275.** Dis- 99.
tinguamus ergo quam fidem debeamus historiae, quam fidem debeamus intellegentiae, quid mandemus memoriae, verum esse nescientes sed credentes tamen, et ubi sit verum quod non venit et transit sed semper eodem modo manet, qui sit modus interpretandae allegoriae quae per sapientiam dicta creditur in spiritu sancto: utrum a visibilibus antiquioribus ad visibilia recentiora eam perducere sufficiat an usque ad animae affectiones atque naturam an usque ad incommutabilem aeternitatem; an aliae significent gesta visibilia, aliae motus animorum, aliae legem aeternitatis, an aliquae inveniantur in quibus haec omnia vestiganda sint; **276.** et quae

6–7 Ex. 3, 14

def. *L*

5 ipsa solo *C* 8 nondum] non *X C*¹ 13 vana quaedam *M X F* 14 rationabili *R T* de legibus *M C F* literas *N B* 19 hystoriae *N B R* 20–21 esse verum *A* 23 dictata *X* 24 utrum *om.* *R*¹ *A* 27 visibilia gesta significent *A* 28 aliquae] aliae *R A*¹ 29 investiganda *X A*

sit stabilis fides, sive historica et temporalis, sive spiritalis et aeterna, ad quam omnis interpretatio auctoritatis dirigenda est; et quid prosit ad intellegenda et obtinenda aeterna ubi finis est omnium bonarum actionum, fides rerum temporalium; et quid intersit inter allegoriam historiae et allegoriam facti et allegoriam sermonis et allegoriam sacramenti; et ipsa locutio divinarum scripturarum secundum cuius linguae proprietates accipienda sit — habet enim omnis lingua sua quaedam propria genera locutionum quae cum in aliam linguam transferuntur videntur absurda —, **277.** quid prosit tanta loquendi humilitas ut non solum ira dei et tristitia et a somno expergefactio et memoria et oblivio et alia nonnulla quae in bonos homines cadere possunt, sed etiam paenitentiae zeli crapulae nomina et alia huius modi in sacris libris inveniantur; et utrum oculi dei et manus et pedes et alia huius generis membra quae in scripturis nominantur ad visibilem formam humani corporis referenda sint, an ad significationes intellegibilium et spiritalium potentiarum, sicut alae et scutum et gladius et cingulum et cetera talia; **278.** et quod maxime quaerendum est, quid prosit generi humano quod sic nobiscum per rationalem et genitalem et corporalem creaturam sibi servientem divina providentia locuta est. Quo uno cognito omnis ab animis protervitas puerilis excluditur et introducitur sacrosancta religio.

LI. 100. **279.** Omissis igitur et repudiatis nugis theatricis et poeticis divinarum scripturarum consideratione et tractatione pascamus animum atque potemus vanae curiositatis fame ac siti fessum et aestuantem et inanibus phantasmatis tamquam

---

def. L usque ad 13 possunt

---

3 est] sit T^2 *edd., om.* T^1 4 finis] fides *N* 7 et quomodo *edd.* scripturarum divinarum *B T* 8 cuiusque *R* A^1 *edd.* proprietatem *edd.* 9 propria quaedam *A* 10 in alia lingua *M* videantur *F* 12 experfectio *M*, experrectio *C* 13 non possunt *M* X^1 R^2 *F* 19 alae] galea R^1 *A edd.*, galeae R^2 23 propter vitas *N* M^1 *B C F* 28 fantasmatibus *R A T*, phantasmatibus *edd.*, *cf. 52, 27*

pictis epulis frustra refici satiarique cupientem. Hoc vere liberali et ingenuo ludo salubriter erudiamur. Si nos miracula spectaculorum et pulchritudo delectat, illam desideremus videre sapientiam quae pertendit *usque ad finem fortiter et disponit omnia suaviter.* Quid enim mirabilius vi incorporea mundum corporeum fabricante et administrante? aut quid pulchrius ordinante et ornante?

280. Si autem omnes fatemur per corpus ista sentiri et LII. 101.
animum meliorem esse quam corpus, nihilne per se animus ipse conspiciet, aut quod conspiciet potest esse nisi multo excellentius longeque praestantius? Immo vero commemorati ab his quae iudicamus intueri quid sit secundum quod iudicamus, et ab operibus artium conversi ad legem artium eam speciem mente contuebimur, cuius comparatione foeda sunt quae ipsius benignitate sunt pulchra. *Invisibilia enim dei a creatura mundi per ea quae facta sunt intellecta conspiciuntur, et sempiterna eius virtus et divinitas.* **281.** Haec est a temporalibus ad aeterna regressio et ex vita veteris hominis in novum hominem reformatio. Quid est autem unde homo commemorari non possit ad virtutes capessendas, quando de ipsis vitiis potest? Quid enim appetit curiositas nisi cognitionem, quae certa esse non potest nisi rerum aeternarum et eodem modo se semper habentium? Quid appetit superbia nisi potentiam, quae refertur ad agendi facilitatem, quam non invenit anima perfecta nisi deo subdita et ad eius regnum summa caritate conversa? Quid appetit voluptas corporis nisi quie-

---

4—5 Sap. 8, 1 15—17 *Rom. 1, 20

---

3 delectant *X* A^2 *edd.* 3—4 sapientiam videre *A* 4 pertendit a fine *B F edd. Vulg., cf. 51, 28—29* 7 et ornante *om.* R^1 *A* 8 per *om. M L X F* ista] vita *X*, ista per corpus *R* 10 aut quod] et aut *L* F^1, ut quod X^1, aut quid *B*, aut *M* 11 commoniti R^2 *F* 12 his] iis *m* 12—13 intueri . . . iudicamus *om. M L F, quae omissio in N causa fuit iterandi verba* et ab operibus artium 15 a *om. M* F^1 19—20 commemori R^1, commoneri R^2 *F* 24 facultatem *B*, felicitatem T^1, agilitatem T^2 25 perfectam *B T* subdita deo *A* 26 voluntas *N R* A^1

tem, quae non est nisi ubi nulla est indigentia et nulla corruptio? **282.** Cavendi sunt ergo inferiores inferi, id est post hanc vitam poenae graviores, ubi nulla potest esse commemoratio veritatis quia nulla ratiocinatio, ideo nulla ratiocinatio quia non eam perfundit *lumen verum quod inluminat omnem hominem venientem in hunc mundum.* Quare festinemus et ambulemus cum dies praesto est, ne nos tenebrae conprehendant. Festinemus a secunda morte liberari, ubi nemo est qui memor sit dei, et ab inferno ubi nemo confitebitur deo.

LIII. 102. **283.** Sed miseri homines, quibus cognita vilescunt et novitatibus gaudent, libentius discunt quam norunt, cum cognitio sit finis discendi, et quibus vilis est facilitas actionis, libentius certant quam vincunt, cum victoria sit finis certandi; et quibus vilis est corporis salus, malunt vesci quam satiari, et malunt frui genitalibus membris quam nullam talem commotionem pati; inveniuntur etiam qui malunt dormire quam non dormitare: cum omnis illius voluptatis finis sit non esurire ac sitire et non desiderare concubitum et non esse corpore
103. fatigato. **284.** Quare qui fines ipsos desiderant, prius curiositate carent, cognoscentes eam esse certam cognitionem quae intus est, et ea perfruentes quantum in hac vita queunt. Deinde accipiunt actionis facilitatem pervicacia posita, scientes maiorem esse facilioremque victoriam non resistere animositati cuiusquam, et hoc, quantum in hac vita queunt, sentiunt, postremo etiam quietem corporis, abstinendo ab his rebus sine quibus agi haec vita potest. Ita gustant quam suavis est dominus. **285.** Nec erit dubium quid post hanc vitam

---

5—6 *Ioh. 1, 9   6—8 *cf.* Ioh. 12, 35   8 *cf.* Apoc. 20, 6; 21, 8   9—10 *cf.* Ps. 6, 6   27—28 *cf.* Ps. 33, 9

---

1 *alt.* est] et *N*   9 dei sit *edd.*   13 finis sit *RAC*   14 finis certandi sit *A*, finis sit certandi *C*   17 non *om.* *CFT*   18 omnibus *X* sit finis *C edd.*   23 inde R^1A^1 deposita *A*   24 esse maiorem *A*   26 eis *A*, iis *m*   27 haec vita agi *A*   28 eis dubium *X*

futurum sit, et perfectionis suae fide, spe, caritate nutriuntur. Post hanc autem vitam et cognitio perficietur, quia *ex parte* nunc scimus, *cum autem venerit quod perfectum est,* non erit ex parte. Et pax omnis aderit, nunc enim alia lex in membris meis repugnat legi mentis meae, sed liberabit nos *de corpore mortis huius gratia dei per Iesum Christum dominum nostrum,* quia ex magna parte concordamus cum adversario dum cum illo sumus in via. Et tota sanitas et nulla indigentia et nulla fatigatio aderit corpori, quia corruptibile hoc tempore atque ordine suo quo resurrectio carnis futura est, induetur incorruptione. **286.** Non mirum autem si hoc dabitur his qui in cognitione solam veritatem amant et in actione solam pacem et in corpore solam sanitatem. Hoc in eis enim perficietur post hanc vitam, quod in hac vita plus diligunt.

287. Qui ergo male utuntur tanto mentis bono ut extra LIV. 104.
eam visibilia magis appetant, quibus ad conspicienda et diligenda intellegibilia commemorari debuerunt, dabuntur eis exteriores tenebrae. Harum quippe initium est carnis prudentia et sensuum corporeorum inbecillitas. Et qui certaminibus delectantur, alienabuntur a pace et summis difficultatibus inplicabuntur. Initium enim summae difficultatis est bellum atque contentio. **288.** Et hoc significare arbitror quod ligantur ei manus et pedes, id est facilitas omnis aufertur operandi. Et qui sitire et esurire volunt et in libidinem ardescere et defatigari, ut libenter edant et bibant et concumbant et dormiant, amant indigentiam, quod est initium summorum dolorum. Perficietur ergo in eis quod amant, ut
ibi eis sit ploratus et stridor dentium. **289.** Plures enim sunt 105.

2—4 *cf.* I Cor. 13, 9—10 4—7 *cf.* Rom. 7, 23—25 7—8 *cf.* Matth. 5, 25 9—11 *cf.* I Cor. 15, 53 18. 23—28 *cf.* Matth. 22, 13

1 spe caritate] per caritatem BR^1A^1 5 liberavit *NB* 9 adheret *A*, aderebit B^2 10 carnis resurrectio *L* 11 incorruptionem BC^2F iis *edd.*, *om.* *MF* 13 enim in eis *BRAC edd.* 13—14 perficitur *A* 17 commoneri R^2F 23 eis *XAT* 27—28 ut eis ibi sit *MLCF*, ut ibi sint ubi eis sit *edd.* 28 ploratio *N*

qui haec omnia initia simul diligunt et quorum vita est spectare, contendere, manducare, bibere, concumbere, dormire et in cogitatione sua nihil aliud quam phantasmata quae de tali vita colligunt amplexari et ex eorum fallacia superstitionis vel impietatis regulas figere, quibus decipiuntur et quibus inhaerent etiam si ab inlecebris carnis se abstinere conentur, quia non bene utuntur talento sibi commisso, id est mentis acie, qua videntur omnes qui docti aut urbani aut faceti nominantur excellere. **290.** Sed habent eam in sudario ligatam aut in terra obrutam, id est delicatis et superfluis rebus aut terrenis cupiditatibus involutam et oppressam. Ligabuntur ergo his manus et pedes et mittentur in tenebras exteriores; *ibi erit ploratus et stridor dentium.* Non quia ipsa dilexerunt — quis enim haec diligat? —, sed quia illa quae dilexerunt initia istorum sunt et necessario dilectores suos ad ista perducunt. Qui enim magis amant ire quam redire aut pervenire, in longinquiora mittendi sunt, quoniam caro sunt
106. et spiritus ambulans et non revertens. **291.** Qui vero bene utitur vel ipsis quinque sensibus corporis ad credenda et praedicanda opera dei et nutriendam caritatem ipsius vel actione et cognitione ad pacificandam naturam suam et cognoscendum deum, intrat in gaudium domini sui. Propterea talentum quod male utenti aufertur, illi datur qui talentis quinque bene usus est, non quia transferri potest acumen intellegentiae, sed ita significatum est posse hoc amittere neglegentes et impios ingeniosos et ad eam pervenire diligentes et pios quamvis ingenio tardiores. **292.** Non enim datum est illud talentum ei qui acceperat duo — habet enim et hoc qui iam in actione et in cognitione bene vivit —, sed ei qui acceperat quinque. Nondum enim habet ad aeterna contemplanda

7–13 *cf.* Matth. 25, 18–30 22–30 *cf.* Matth. 25, 21–28

1 initia simul] simul vitia *edd.* 2 contendere *om.* *M L F* 4 et *om.* *M L F* 5 fingere *X R T* 9–10 obligatam *B R A* 13 ubi *A* 15 sunt istorum *edd.* 19 utuntur *X T* 20 et] vel *edd.* 22 intrant *X T* 26 ingenuosos *N* eam] illud *A C* 29 *alt.* in *om.* *edd.*

idoneam mentis aciem qui visibilibus tantum, id est temporalibus credit, sed habere potest qui horum omnium sensibilium deum artificem laudat, et eum persuadet fide et exspectat spe et quaerit caritate.

293. Quae cum ita sint, hortor vos, homines carissimi LV. 107. et proximi mei, meque ipsum hortor vobiscum, ut ad id quod nos per sapientiam suam deus hortatur quanta possumus celeritate curramus. Non diligamus mundum, quoniam omnia quae in mundo sunt, concupiscentia carnis et concupiscentia oculorum est et ambitio saeculi. **294.** Non diligamus per carnis voluptatem corrumpere atque corrumpi, ne ad miserabiliorem corruptionem dolorum tormentorumque veniamus; non diligamus certamina, ne angelis qui talibus gaudent in potestatem demur humiliandi vinciendi verberandi; non diligamus visibilia spectacula, ne ab ipsa veritate aberrando et amando umbras in tenebras proiciamur. **295.** Non sit nobis religio in 108. phantasmatis nostris; melius est enim qualecumque verum quam omne quicquid pro arbitrio fingi potest, et tamen animam ipsam, quamvis anima vera sit, cum falsa imaginatur, colere non debemus; melior est vera stipula quam lux inani cogitatione pro suspicantis voluntate formata, et tamen stipulam quam sentimus et tangimus dementis est credere colendam. **296.** Non sit nobis religio humanorum operum cultus; meliores enim sunt ipsi artifices qui talia fabricantur, quos tamen colere non debemus. Non sit nobis religio cultus bestiarum; meliores enim sunt extremi homines, quos tamen colere non debemus. Non sit nobis religio cultus hominum mortuorum, quia si pie vixerunt, non sic habentur ut tales quaerant honores, sed illum a nobis coli volunt quo inlumi-

---

8—10 *cf.* I Ioh. 2, 15—16 15—16 *cf.* Matth. 25, 30

---

3 perspectat *R*, spectat *A* 7 quod] quo *B R A T edd.* 8 velocitate *T* 16 tenebris *L* 17 fantasmatibus *A T*, phantasmatibus *edd. cf. 52, 27* 18—19 anima ipsa *R* 19 cum] quo *N* 20 magna lux *R* 21 voluptate *T* 24 fabricant *L* 28 tales a nobis *L* 29 a nobis illum *L*

nante laetantur meriti sui nos esse conservos; **297.** honorandi ergo sunt propter imitationem, non adorandi propter religionem; si autem male vixerunt, ubicumque sint non sunt colendi. Non sit nobis religio cultus daemonum, quia omnis superstitio cum sit magna poena hominum et periculosissima
109. turpitudo, honor est ac triumphus illorum. **298.** Non sit nobis religio terrarum cultus et aquarum, quia istis purior et lucidior est aer etiam caliginosus, quem tamen colere non debemus. Non sit nobis religio etiam purioris aeris et serenioris cultus, quia luce absente inumbratur et purior illo est fulgor ignis etiam huius, quem tamen, quoniam pro voluntate accendimus et extinguimus, colere utique non debemus. **299.** Non nobis sit religio cultus corporum aethereorum atque caelestium quae quamvis omnibus ceteris corporibus recte praeponantur, melior tamen ipsis est quaecumque vita; quapropter si animata sunt, melior est quaevis anima per se ipsam quam corpus quodlibet animatum, et tamen animam vitiosam nemo colendam esse censuerit. **300.** Non sit nobis religio cultus illius vitae qua dicuntur arbores vivere, quoniam nullus sensus in illa est et ex eo genere est ista qua nostri etiam corporis numerositas agitur, qua etiam capilli et ossa vivunt quae sine sensu praeciduntur; hac autem melior est vita sen-
110. tiens; et tamen vitam bestiarum colere non debemus. **301.** Non sit nobis religio vel ipsa perfecta et sapiens anima rationalis sive in ministerio universitatis sive in ministerio partium stabilita, sive quae in summis hominibus expectat commutationem reformationemque portionis suae, quoniam omnis vita rationalis si perfecta est incommutabili veritati secum intrinsecus sine strepitu loquenti obtemperat, non obtemperans autem vitiosa fit. Non ergo per se excellit sed per illum cui

---

1 meritis suis *T* consortes *BXAT m* 3 sunt non sunt *LX* 7 cultus terrarum *AC* 10 absente luce *C* 11 tamen *om.* *BRA*[1] 13 sit nobis *A edd.* 14 ceteris omnibus *C*, omnibus *RA* anteponantur *NBRA* 18 consuerit *NL*[1]*RC*, consenserit *A* 20 ista] communis nobis et illis vita *R* 29 loquendi *NMLR*[1]

libenter obtemperat. **302.** Quod colit ergo summus angelus, id colendum est etiam ab homine ultimo, quia ipsa hominis natura id non colendo facta est ultima. Non enim aliunde sapiens angelus aliunde homo, aliunde ille verax aliunde homo, sed ab una incommutabili sapientia et veritate. Nam id ipsum actum est temporali dispensatione ad salutem nostram, ut naturam humanam ipsa dei virtus et dei sapientia incommutabilis et consubstantialis patri et coaeterna suscipere dignaretur, per quam nos doceret id esse homini colendum quod ab omni creatura intellectuali et rationali colendum est. **303.** Hoc etiam ipsos optimos angelos et excellentissima ministeria dei velle credamus, ut unum cum ipsis colamus deum, cuius contemplatione beati sunt. Neque enim et nos videndo angelum beati sumus, sed videndo veritatem, qua etiam ipsos diligimus angelos et his congratulamur nec invidemus quod ea paratiores et nullis molestiis interpedientibus perfruuntur, sed magis eos diligimus quoniam et nos tale aliquid sperare a communi domino iussi sumus. **304.** Quare honoramus eos caritate non servitute. Nec eis templa constituimus; nolunt enim se sic honorari a nobis, quia nos ipsos cum boni sumus templa summi dei esse noverunt. Recte itaque scribitur hominem ab angelo prohibitum ne se adoraret, sed unum dominum sub quo ei esset et ille conservus. **305.** Qui 111.
autem nos invitant ut sibi serviamus et tamquam deos colamus, similes sunt superbis hominibus quibus si liceat similiter coli volunt. Sed istos homines perpeti minus periculosum est. Omnis enim hominum dominatus in homines aut dominan-

7 *cf.* I Cor. 1, 24 21 *cf.* I Cor. 3, 16 22–23 *cf.* Apoc. 22, 9

1 ergo colit *edd.* 6 temporalibus *M*, temporalium *F* 9 homini *om. N* 11 angelos optimos *A* 12 dei ministeria *edd.* 14 angelos *A* 15 diligamus BR^1A^1 his] in his *B*, eis *X* 16 ea *om. MLXF* et] vel *edd.* impedientibus B^2A^2C 18 deo *MLXCF* 19–20 construimus *L edd.* 20 enim sic se honorari *B*, autem se honorari sic *R* quoniam *T* 21–22 scribitur itaque *R* 23 deum *MLAT* 24 nos autem *A* 26 minus illos vero angelos colere magis *AmgC*, minus illos vero colere magis *edd.*

tium aut servientium morte finitur; servitus autem sub angelorum malorum superbia propter ipsum tempus quod est post mortem magis metuenda est. **306.** Illud etiam cuivis cognoscere facile est, quod sub homine dominante liberas cogitationes habere concessum est; illos autem dominos in ipsis mentibus formidamus, qui unus est oculus intuendae ac percipiendae veritatis. Quare si omnibus potestatibus quae dantur hominibus ad regendam rempublicam pro nostro vinculo subditi sumus, reddentes Caesari quod Caesaris est et deo quod dei est, non est metuendum ne hoc post nostram mortem aliquis exigat. Et aliud est servitus animae, aliud servitus corporis. **307.** Iusti autem homines et in uno deo habentes omnia gaudia sua, quando per eorum facta deus benedicitur, tum gratulantur laudantibus; cum vero ipsi tamquam ipsi laudantur, corrigunt errantes quos possunt, quos autem non possunt non eis gratulantur et ab illo vitio corrigi volunt. Quibus similes vel etiam mundiores atque sanctiores si sunt boni angeli et omnia sancta dei ministeria, quid metuimus ne aliquem illorum offendamus, si non superstitiosi fuerimus, cum ipsis adiuvantibus ad unum deum tendentes et ei uni religantes animas nostras — unde religio dicta creditur —
112. omni superstitione careamus? **308.** Ecce unum deum colo:
unum omnium principium et sapientiam qua sapiens est quaecumque anima sapiens est, et ipsum munus quo beata sunt quaecumque beata sunt. Quisquis angelorum diligit hunc deum, certus sum quod etiam me diligit; quisquis in illo manet et potest humanas preces audire, in illo me exaudit;

9—10 *cf.* Matth. 22, 21 20—22 *cf.* Retract. 1, 12, 13

5—6 mentibus ipsis *edd.* 6 qui *om.* *BA* 6—7 perficiendae *MLF* 9 est Caesaris *A* 10 dei non *M* mortem nostram *R edd.* 11 et *om.* *A* servitus animae aliud *om.* *MLF* 14 tum gratulantur *BXRT*, tunc gratulantur *N*, congratulantur *cett. edd.* 15—16 quos autem non possunt *om.* *B* 16 congratulantur *X* 17 si similes *edd.* 18 ministeria dei *A* 23 unam sapientiam *A* 23—24 anima quaecumque *A* 27 exaudivit *M*

quisquis ipsum habet bonum suum, in ipso me adiuvat nec mihi eius participationem potest invidere. **309.** Dicant mihi ergo adoratores aut adulatores partium mundi quem non optimum sibi conciliet, qui hoc unum colit quod omnis optimus diligit, et cuius cognitione gaudet ad quod principium recurrendo fit optimus. Quisquis vero angelus excessus suos diligit et veritati esse subditus non vult et privato suo laetari cupiens a communi omnium bonorum et vera beatitudine lapsus est, cui omnes mali subiugandi et premendi, nullus autem bonus nisi exercendus in potestatem datur, nullo dubitante non est colendus; cuius laetitia est nostra miseria et cuius damnum est nostra reversio. **310.** Religet ergo nos 113.
religio uni omnipotenti deo, quia inter mentem nostram qua illum intellegimus patrem, et veritatem, id est lucem interiorem per quam illum intellegimus, nulla interposita creatura est. Quare ipsam quoque veritatem nulla ex parte dissimilem in ipso et cum ipso veneremur, quae forma est omnium quae ab uno facta sunt et ad unum nituntur. Unde apparet spiritalibus animis per hanc formam esse facta omnia, quae sola implet quod appetunt omnia. **311.** Quae tamen omnia neque fierent a patre per filium neque suis finibus salva essent, nisi deus summe bonus esset. Qui et nulli naturae quae ab ipso bona esse posset invidit; et in bono ipso alia quantum vellent, alia quantum possent ut manerent dedit. **312.** Quare ipsum donum dei cum patre et filio aeque incommutabile colere et tenere nos convenit: unius substantiae trinitatem, unum deum a quo sumus, per quem sumus, in quo sumus; a quo discessimus, cui dissimiles facti sumus, a quo perire non permissi sumus; principium ad quod recurrimus et formam quam sequimur et gratiam qua reconcilia-

---

2 participatione *N A* 2–3 ergo mihi *A edd.* 4–5 diligit optimus *C* 8 bono *A edd.* 9 cui dantur *A* 10 bonorum *F* arcendus *F* 12 reversio: *cf. l. 29* recurrimus 15 per quam] qua *L* 15–16 est creatura *T* 16 veritatem quoque *R* 23 posset] possit *N*, posse MF^{1} bono] dono *X* 30 forma quam sequimur et gratia *M B X F T*

mur; unum quo auctore conditi sumus, et similitudinem eius per quam ad unitatem formamur et pacem qua unitati adhaeremus; **313.** deum qui dixit *fiat*, et verbum per quod factum est omne quod substantialiter et naturaliter factum est, et donum benignitatis eius, quia placuit et conciliatum est auctori suo, ut non interiret quidquid ab eo per verbum factum est; unum deum quo creatore vivimus, per quem reformati sapienter vivimus, quem diligentes et quo fruentes beate vivimus; unum deum ex quo omnia, per quem omnia, in quo omnia; ipsi gloria in saecula saeculorum.

---

3 Gen. 1, 3   9—10 *cf.* Rom. 11, 36

---

1 unum deum *R A edd.*   4 factum est naturaliter *A*   5 quia] quo *X R A edd.*   reconciliatum *R A F*   6 periret *T*   8 beati *M L*   10 honor et gloria *T*.

INDEX LOCORUM

1. Loci sacrae scripturae

2. Loci ceterorum scriptorum